Siglo nuevo, vida nueva

Colección «EL POZO DE SIQUEM»
95

Carlos G. Vallés, sj

Siglo nuevo, vida nueva

El milenio de la esperanza

Editorial SAL TERRAE
Santander

© 1998 by Carlos González Vallés
Ahmedabad (India)

Para la edición española:
© 1998 by Editorial Sal Terrae
Polígono de Raos, Parcela 14-I
39600 Maliaño (Cantabria)
Fax: 942 369 201
http://www.salterrae.es
E-mail: salterrae@salterrae.es

Con las debidas licencias
Impreso en España. Printed in Spain
ISBN: 84-293-1267-6
Dep. Legal: BI-1943-98

Fotocomposición:
Sal Terrae - Santander
Impresión y encuadernación:
Grafo, S.A. - Bilbao

Índice

Plenitud de los tiempos	9
Querido ordenador.	13
Cuatro colores.	16
La espera del mundo entero	22
La torre de Babel	26
El problema del servilletero	37
Ardillas de metal	45
La Iglesia del tercer milenio	51
De un extremo a otro	56
El cinturón aborigen.	68
La madre judía	78
Tener buen oído.	87
Humor medieval.	97
Generaciones nómadas.	106
Fútbol y barajas	113
La otra mejilla.	118
«Chinda la burdi»	141
Tarea de vida	155
Listos para partir.	171
Pesadilla digital	189
Red de redes.	195

Plenitud de los tiempos

En la India celebramos cada año cinco festivales de Año Nuevo: el cristiano, el hindú, el musulmán, el parsi y el jainista. Todos son fiesta oficial en el calendario y vacación en el colegio. El ecumenismo práctico tiene sus ventajas. Y cada año nuevo no sólo cae en fecha distinta, sino que señala un año distinto, según se cuente desde el nacimiento de Cristo, desde el reino del emperador Vikram, desde la hégira de Mahoma, desde la muerte de Zoroastro o desde el *«kevaljnan»* (iluminación) de Mahavir. Cinco años nuevos, y cinco cálculos distintos para siglos y milenios. Los cristianos apreciamos la gentileza que hacia nosotros muestran las gentes del mundo entero al celebrar con nosotros nuestro nuevo milenio, y al mismo tiempo reconocemos que fechas y aniversarios son algo esencialmente relativo y convencional y que no tienen ningún misterio en sí mismos. También sabemos que el monje que calculó el año del nacimiento de Cristo para fijarlo a partir del calendario romano, Dionisio el Exiguo, se equivocó en seis años. Es decir, que el 1 de enero del año 1 el Niño Jesús tenía ya, de hecho, seis años. Eso aparte de la evidente consideración de que, como el siglo I comenzó el 1 de enero del año 1, el siglo XXI comenzará de verdad el 1 de enero del año 2001, no del 2000. Es decir, que las fechas andan revueltas, pero en alguna hay que celebrar la fiesta, y el comienzo del año 2000, con su atractivo de número redondo, se ha ganado oportunamente el título.

Si las fechas son arbitrarias, la ocasión de tomar coordenadas y verificar direcciones es por demás bienvenida. Una mirada hacia atrás y otra hacia adelante. Un examen del camino recorrido y una perspectiva del itinerario por recorrer. Una oportunidad para verificar dónde estamos —como individuos y como sociedad— y un espacio para la reflexión, el análisis y las decisiones que determinan hacia dónde queremos ir. Ésa es la verdadera tarea del cambio de siglo, la celebración inteligente de la cita del calendario.

La vida, en la persona y en el grupo como en toda la creación, tiene sus ritmos ocultos pero indefectibles en la regularidad de sus mareas, la sucesión de sus altibajos, la perplejidad de sus cambios, la novedad de su repetición siempre sabida y siempre olvidada. Hay ciclos para la primavera y para el otoño, para la euforia y para la depresión, para la fertilidad del cuerpo humano y para la inspiración del espíritu creativo, para la intimidad y para la soledad, para vivir la vida y para madurar en la muerte. Órbitas elípticas marcan las rutas de los cuerpos celestes, y otras órbitas, más complejas y más delicadas, orientan el caminar de los seres humanos en la armonía cósmica de todas las esferas. Descubrir las estaciones de nuestra existencia y los ritmos de nuestra vida es el gran secreto para vivirla mejor.

En la gran película de mi juventud que fue «Loca por la música», la encantadora niña Shirley Temple trataba de convencer al legendario director de la Orquesta Sinfónica de Filadelfia, Leopoldo Stokowsky (que representaba en persona su papel en la película) de que dirigiera una orquesta de pobres aficionados (que en la película eran, naturalmente, los miembros de la célebre orquesta disfrazados). Ante la negativa del genio, la muchacha introduce a escondidas a sus músicos en la mansión del director y los coloca al pie de la escalinata, mientras ella va a discutir con el director. Le dice: «Tengo cien motivos para que dirija usted a mis músicos». «¿Y cuáles son sus motivos?», pregunta indignado el director. «Éstos son mis cien motivos», contesta orgullosamente la muchacha abriendo la puerta y mostrando a sus cien músicos. Stokowsky quiere despedirlos enfurecido, pero le traiciona su música. La orquesta ha empezado a tocar la Rapsodia Húngara número dos, de Listz, y su ritmo irresistible cautiva al director. Primero queda inmóvil. Después se le empiezan a mover involuntariamente las manos, que oculta tras la espalda, marcando el compás hechicero de la *glinka* en la partitura. Luego se le disparan los brazos y se lanza a dirigir a los músicos con entusiasmo desbordante desde lo alto de la escalinata. La bronca inicial acaba en festejo glorioso, con la alegría irrefrenable de los músicos y del director. Stokowsky dirigirá a la orquesta de vagabundos, y Shirley Temple cantará el «Aleluya» de Mozart. Una gran película.

Ceder a los ritmos de la vida. Ritmos internos y externos, compases biológicos y relojes cósmicos, evolución en la sociedad y edades en el pensamiento humano. Todas esas corrientes influyen en nuestra existencia, y el conocerlas, regirlas y vivirlas es parte de nuestra responsabilidad para mejorar la vida en todos los círculos a los que pertenecemos. La cita del cambio de siglo y de milenio nos brinda la oportunidad de despertar a los ritmos vitales que llevamos dentro y sentimos fuera, para integrarnos en su armonía universal.

Para nosotros, los cristianos, los ritmos de gracia y bendición que rigen nuestras vidas a través de la historia de la salvación y de la presencia de Dios con su pueblo tienen un significado especial. San Pablo usó una expresión tan llena de teología y de fe como de poesía e imaginación: «La plenitud de los tiempos». La mirada eterna de Dios se posa sobre el calendario temporal de los humanos y marca en curvas de predilección citas de amor entre el cielo y la tierra. Ésa es la «plenitud» que ya existía en profecía y promesa desde el principio de los tiempos, que se verifica en el momento escogido de presencia personal y que se va desarrollando en sucesivas plenitudes según avanzan el tiempo y la historia y el género humano y la conciencia universal, en plan eterno de realización continuada de la que somos felices protagonistas en la particular «plenitud» que a nosotros también nos ha tocado vivir. Yo quiero comenzar siglo y milenio con alegría, con entusiasmo y con fe, para de alguna manera marcarlo con el signo de la esperanza como herencia feliz y responsable que lega la generación de hoy a todas las generaciones que han de vivirlo. Ya que nos ha tocado vivir la fecha, vivámosla con ilusión.

Querido ordenador

Éste es el primer libro que escribo en ordenador. Comencé hace años escribiendo a mano mis primeros libros en lengua guyaratí, ya que su estructura silábica, en lugar de alfabética, hace complicado el uso de la máquina de escribir. Escribí mis primeros libros en castellano en una máquina de escribir de tecleado invicto y de cambio primitivo de cinta, que me manchaba todos los dedos y me obligaba a lavarme las manos cada vez que cambiaba la cinta. En su día, me gradué al uso avanzado de una máquina eléctrica que suavizaba el tacto y uniformaba la impresión; y ya en fechas casi recientes disfruté con una máquina de escribir electrónica que me permitía correcciones en la ventanilla de la muestra antes de imprimir, me advertía errores y me permitía un cambio inmaculado de cinta con sólo introducir una cassette. Tan feliz estaba yo con ella que me había prometido no cambiar ya jamás en adelante. Juramento frágil de amante veleidoso.

Por dentro bien sabía yo que había de cambiar. El avance de los ordenadores me rodeaba por doquier. Servicio de vocabulario en varias lenguas, variedades de tipos de letra, sencillez en las correcciones, preferencia de los editores de tener un disquette en lugar de un manuscrito; y luego las aperturas digitales de comunicación e información para un diálogo universal y un contacto instantáneo. En el último viaje que hice a Latinoamérica, la primera pregunta en mi primera charla pública fue: «¿Tiene usted e-mail?» Respondí: «Todavía no». Y añadí, tras una breve pausa intencionada: «Pero espero tenerlo pronto». Cumplí mi promesa. Ya llegó, y con una dirección bien sencilla: *cgv@jet.es* no más.

Me gusta ver signos de la mano de Dios en los incidentes aparentemente rutinarios de la vida. Justo por este tiempo se me estropeó mi maravillosa máquina de escribir electrónica, y en el taller de reparaciones la declararon inservible. Allí estaba la señal para el cambio. No me compraría otra igual. El sucesor sería un ordenador. En él estoy tecleando ahora.

Quiero decir que estoy en vivo en toda la ilusión y la frustración de la era digital. La ilusión del juguete nuevo, con todas las maravillas que súbitamente ofrece, y la frustración de su primera resistencia a ser dominado por alguien ajeno a la informática. Si vuelvo a oír hablar a alguien de la «inteligencia artificial» de los ordenadores, puede esperar un violento testimonio en contra por mi parte, con narración en detalle de toda la torpeza, tozudez, insensibilidad, estupidez, ceguera y sordera de mi instrumento particular. No atiende a razones, no da el brazo a torcer, no acepta que se le digan las cosas más que de la manera que él quiere oírlas, no se disculpa nunca por sus fallos, y me da un golpe de campana desafinada y despliega en su pantalla una pancarta insultante contra mí cada vez que yo me equivoco o cree él que yo me he equivocado. Si esto es inteligencia artificial, yo soy Einstein, Newton y Aristóteles en uno. Hay que sincerarse para empezar.

Ésta es la última gracia que acaba de hacerme. Entraba yo inocentemente en esta carpeta para continuar el libro, cuando me confronta sin más con este requerimiento judicial: «Este archivo pertenece exclusivamente a Carlos González Vallés. Usted no está autorizado a usarlo». ¿Y quién diablos soy yo, entonces? Le he sacado mi documento de identidad y se lo he pasado y repasado por delante de las narices, pero ni por ésas. Como gran cosa, me ha permitido que hiciera una copia para seguir trabajando. La he hecho, pero, al querer guardar lo que había escrito, me sale otra vez con una de las suyas: «Este archivo es sólo para lectura. No puede guardar». No ha habido manera. Pero yo también me sé mis trucos. He apagado la computadora en venganza y la he vuelto a encender. Ni rastro del enfrentamiento. Ha vuelto obediente a mi archivo original con todas las facilidades, como si no hubiera pasado nada. ¡Hipócrita!

Pero también quiero hacer las paces desde ahora con mi ordenador. Como escritor, siempre he dicho que el secreto del escritor es amar el papel, la pluma y las palabras. Ahora me toca amar al ordenador. Espero que la convivencia lleve a la intimidad. Ya me ha demostrado lo que puede hacer, me ha impresionado con su memoria, me ha deslumbrado con sus recursos, me empieza a cautivar con su servicialidad. Bienvenido seas a mi vida, compañero electrónico, símbolo de novedades, fruto del ingenio humano, criatura sorprendente, creación de séptimo día, protagonista del nuevo milenio. Ayúdame con tu presencia, no sólo a expresar con facilidad mis pensamientos y a imprimir con exactitud mis palabras, sino más que nada a entender la novedad que tú significas, a entrar en el espíritu de la nueva mentalidad que expresas, a encontrarme a gusto en medio de las complejidades de la electrónica y la informática, a fiarme de ti y de todo lo que tú representas, a agradecer tus servicios y apreciar tu compañía, a sentir tu nueva cultura y entrar de tu mano en el mundo nuevo de la verdadera lámpara de Aladino, los viajes de Simbad el Marino y las maravillas, con Alicia, del otro lado del espejo. Bienvenido a cambiar mi vida, querido ordenador.

Cuatro colores

El ordenador va a cambiar nuestras vidas. Ya lo está haciendo. Ojalá fuera fiel a su nombre y las ordenara un poco. Siempre me ha admirado la sabiduría de Confucio, que resumía todas sus enseñanzas para el buen funcionamiento de la familia, la sociedad y el estado en un solo aforismo: «Que cada cosa sea lo que significa su nombre». Es decir, que el padre sea un buen padre, y la hija una buena hija; que el cocinero sea un buen cocinero, y el gobernante un buen gobernante; que todos seamos plena y debidamente lo que nuestros diversos nombres en nuestras diversas acepciones y cargos digan que debemos ser, y que así encajen y se ayuden y se complementen todos los elementos de la vida humana. Que el ordenador sea un buen «ordenador». Que ponga un poco de orden en nuestras vidas.

Lo que pasa es que el ordenador tiene otros nombres. En Latinoamérica se usa más «el computador» o «la computadora», sobre todo este último. Y aquí viene una sutil y delicada consideración. «Ordenador» es masculino, mientras que «computadora» es femenino, y el sexo gramatical de la palabra afecta secreta pero inexorablemente a nuestras relaciones con el objeto. El «ordenador» tiende a ser el robot mecánico, impersonal, dominador y machista que impone su voluntad sin sentimiento alguno ni consideración a personas o situaciones; mientras que la «computadora» evoca más bien a la secretaria, eficiente y profesional ante todo, pero al mismo tiempo delicada, elegante, femenina, cautivadora, con su encanto personal y su trato individualizado. La regla de Confucio se aplica también misteriosamente en sentido inverso, es decir, que las palabras y los nombres afectan decididamente a los objetos y personas que significan, y aquí la manera como llamemos a nuestro aparato va a condicionar nuestra relación con él. Yo me propongo usar a ratos «ordenador», y a ratos «computadora», según se vaya portando él (o ella) conmigo, y según quiera yo que se comporte. A ver si con eso les saco las ventajas a los dos géneros.

Cito nada menos que a Bill Gates en confirmación de esta importante idea de la interacción entre la persona y la máquina, y del sexo de las máquinas:

«Cuando el coche se estropea, o el ordenador se atasca, tendemos a gritarle, a maldecirle e incluso a preguntarle por qué nos ha fallado. Ya sabemos que no es verdad, pero, aun así, tendemos a tratar a objetos inanimados como si estuvieran vivos y tuvieran libre albedrío.

La investigación ha demostrado que las reacciones de los usuarios de aparatos parlantes varían según que la voz del aparato sea de hombre o de mujer. Cuando la voz sugiere cierta personalidad en el agente que habla desde la grabación, los usuarios muestran una deferencia sorprendente.

Hace poco trabajamos en un proyecto en el que preguntábamos a usuarios sobre sus experiencias con un ordenador. Cuando era el mismo ordenador con el que habían trabajado el que les hacía la pregunta sobre cómo evaluaban su trabajo, las respuestas de la gente tendían a ser positivas. En cambio, cuando era un segundo ordenador el que les preguntaba sobre su experiencia con el primer ordenador, las respuestas eran decididamente de una mayor crítica negativa. Su negativa a criticarle al primer ordenador "a la cara" sugiere que no querían herir sus sentimientos, aunque sabían perfectamente que no era más que una máquina» (*The Road Ahead*, p. 95).

Es interesante constatar esta tendencia a personalizar objetos inanimados de nuestro entorno, que naturalmente aumenta el grado de influencia que pueden adquirir sobre nosotros. A ello han contribuido decididamente todas esas representaciones en nuestras pantallas de robots con apariencia humana, con voz sentimental y gestos tiernos, que incluso lloran y se abrazan y pueden llegar a emocionarnos. La computadora no llega a tanto, pues es de aspecto más impersonal y más frío; pero por eso mismo puede influenciarnos más, porque no nos ponemos en guardia, no es una película de ficción que sabemos es artificial, sino un instrumento de apariencia imparcial y neutral, y que sin embargo nos va a ir condicionando paso a paso al ir sometiendo nuestra manera de pensar a su manera de actuar. Ya lo está haciendo.

En matemáticas, la demostración tradicional que he seguido fielmente durante mis años de alumno y de profesor se llevaba a cabo con tiza y pizarra y cepillo borrador, escribiendo las ecuaciones, combinando, transformando y deduciendo una conclusión tras otra hasta el resultado final. Entonces, en costumbre inglesa, se escribían al final las letras Q.E.D., que son sigla latina de *quod erat demonstrandum* (lo que había que demostrar), y todos quedábamos profundamente satisfechos. Por larga que fuera la demostración, se podía abarcar en la mente, comprobar cada paso y acabar totalmente convencidos de que el teorema quedaba demostrado.

En la universidad de Madrás (ciudad que ahora ya no se llama Madrás, sino Chennai —y lo digo para que estén sobre aviso los turistas), uno de mis profesores, el Sr. Mahálingam, era ambidiestro, es decir, escribía igual con una mano que con otra. Se situaba ante el centro del enorme tablero, comenzaba a escribir con la mano izquierda desde el borde izquierdo del tablero, se pasaba la tiza a la mano derecha al llegar al medio, y continuaba sin cambiar de posición hasta el marco derecho. Luego borraba con la misma rapidez con las dos manos, y vuelta a llenar otro tablero. Eran muchos números, pero se seguía todo. Y yo mismo, como profesor, todavía recuerdo con satisfacción la prueba del célebre teorema de «la condición necesaria y suficiente para la existencia de la función inversa», que me llevaba una hora entera de sesenta minutos el probarlo con intensidad incesante en cada momento, sin permitir el más mínimo fallo, con el aliento sostenido en el mejor suspense de una película de intriga, hasta el final, cuando llegaba gloriosamente a escribir con letras grandes en la pizarra el último *quod erat demonstrandum,* y los alumnos aplaudían con gozo evidente ante la belleza y el poder de la matemática abstracta.

Ahora las cosas han cambiado. O empiezan a cambiar. Voy a dar un sencillo ejemplo. El año 1852, el matemático inglés Francis Guthrie propuso un problema al parecer inofensivo. ¿Cuántos colores bastan para colorear las regiones o países de un mapa, de tal manera que dos regiones colindantes no tengan el mismo color? Él y sus amigos probaron con todos los mapas que encontraron, y nunca hacían falta más de cuatro colores. Pero no encontraron la prueba matemática de que nunca harían falta más de cuatro colores para otros mapas hipotéticos; y las matemáticas no se conforman mientras no se encuentre la prueba. Se le llamó «el teorema de los cuatro colores», y se lanzó al mercado matemático en el dominio llamado de la «topología». Nadie conseguía probarlo, y esfuerzos repetidos de matemáticos célebres se estrellaron contra el fracaso una y otra vez, en frustración creciente. Por fin, más de un siglo más tarde, en 1979, dos matemáticos de la Universidad de Illinois, Wolfgang Haken y Kenneth Appel, encontraron la prueba. Ya es significativo que fueran dos matemáticos trabajando en equipo los que lo lograran, pero el método que siguieron es aún más significativo. Fue el siguiente.

Lograron reducir los diversos tipos de mapas a 1.482 mapas básicos. Es decir, que, si se lograba probar que cada uno de esos 1.482 mapas se podía colorear con sólo cuatro colores, el teorema quedaría probado. Pero comprobar los 1.482 mapas con todas las combinaciones de colores posibles era una tarea ímproba, ingrata y expuesta a errores que ni siquiera un grupo entero de matemáticos en un período largo de años podría afrontar con posibilidades de éxito. Aquí entró el ordenador. En cinco años de trabajo, con programaciones originales y pacientes, la computadora analizó todas las posibilidades de los 1.482 mapas y declaró que ninguna de ellas necesitaba más de cuatro colores. El teorema estaba probado.

¿Probado? Sí, claro, allí estaba la «prueba». Pero esa prueba no podía verse, sentirse, seguirse, abarcarse y disfrutarse para aplaudir al final como la prueba del teorema de la función inversa. Sí, allí estaba, pero no podía vivirse, palparse, comprobarse. Había que fiarse del ordenador, y a los matemáticos en sus pruebas no les gusta fiarse de nadie. F. Swinnerton-Dyer escribe:

«Cuando un teorema ha sido demostrado con la ayuda de un ordenador, es imposible dar una exposición de la demostración accesible a la comprobación tradicional: de un lector que, con la suficiente paciencia y formación matemática, sea capaz de trabajar la demostración y verifique que es correcta. Incluso si fuera posible escribir todos los programas y todos los conjuntos de datos usados, no podría existir la seguridad de que una cinta de datos no hubiera sido mal escrita o leída. Es más, cada ordenador moderno tiene oscuros fallos en su "software" y "hardware" (que a menudo causan errores que permanecen sin ser detectados durante años) y es susceptible de experimentar fallos transitorios» (citado por Simon Singh, *El enigma de Fermat,* p. 287).

Por eso el resultado final, más que satisfacción, provocó desaliento en la comunidad matemática. «Me sentí descorazonado», escribió el matemático Philip Davis. El problema de los cuatro colores perdió de repente todo el encanto, el romance y la intriga que le habían acompañado durante más de un siglo. Ya está resuelto... ¡por el ordenador!

La espera del mundo entero

Los expertos en informática nos anuncian que el gran cambio que se avecina se producirá como resultado del matrimonio entre el ordenador y la televisión. Cuando estos dos gigantes de la tecnología se unan en un solo aparato, éste será el eje de toda nuestra actividad y el acompañante inseparable de nuestra existencia. Trabajo, entretenimiento, información, comunicación, meditación, gimnasia, finanzas, compras...: todo quedará coordinado, programado, presidido y ejecutado en la pantalla única, en la que se habrán fusionado la de la computadora y la del televisor. Todo quedará facilitado —¡y condicionado!— por su cooperación omnipresente.

Las familias hindúes suelen tener en sus casas un pequeño altar u hornacina con sus dioses tutelares, que son especialmente Krishna, Siva, Rama y Ranchod, con sus correspondientes consortes en la divinidad. Los tienen para «verlos» (que es lo que significa la favorita y profunda palabra sánscrita *darshan*), ya que el tenerlos a la vista favorece su recuerdo y propicia su bendición. En una familia que conozco bien, observé la piadosa estratagema del dueño de la casa, que quería que sus hijos, no tan devotos como él, no se perdieran los beneficios de la «visión» diaria de los dioses. Para ello colocó todas las imágenes sagradas encima del televisor, con lo cual tenía asegurada la contemplación del espacio divino por encima del espacio humano. El televisor hacía de altar.

A esa liturgia laica se acercan nuestros propios ritos. El centro de la casa es ya, y lo será cada vez más, el televisor con el ordenador hermanado. Será mueble, aparato, totem, imagen, nudo de comunicaciones, central de mantenimiento, compañero constante e instrumento indispensable. Cuentan que, cuando la televisión nació en los Estados Unidos, el venerable periódico *The New York Times* predijo que era un invento intranscendente, ya que los superocupados norteamericanos no tendrían tiempo para estarse ociosamente sentados ante un objeto inerte. Ya vemos lo que se ha hecho de esa profecía. Si juntamos ahora el tiempo que pasamos ante el televisor con el que, con creciente extensión, vamos pasando ante la computadora, tendremos una idea de la importancia que el aparato combinado va a tener en nuestras vidas y la influencia que va a ejercer sobre nuestra conducta.

La información y la comunicación son los dos pilares de la nueva cultura. Nunca, en toda la historia del género humano, hemos dispuesto de tanta información con tanta facilidad y rapidez. Tenemos literalmente datos de todo en las puntas de los dedos. Basta con teclear un código, y la información aparece instantáneamente en palabra e imagen. Diccionarios y enciclopedias que ornamentaban nuestras librerías en estantes corridos de igual encuadernación, con nobleza ancestral de lomos paralelos y orden militar de la A a la Z, caminan ya hacia su desaparición. Toda la «Enciclopedia Británica» cabe en un CD-ROM. No hay que subirse a una escalera, escoger un volumen, soplarle el polvo y pasar hojas de un lado y de otro hasta localizar la palabra buscada..., sólo para que nos mande en referencia a otra palabra en otro tomo y con el mismo polvo. Se acabó la gimnasia. Es mucho más fácil teclear unas letras que pasar páginas. Bibliotecas enteras de referencia de datos serán las primeras en introducirse en las entrañas de la computadora.

Cuando yo estudiaba la lengua guyaratí. adquirí pronto el célebre «Diccionario Ortográfico», que llevaba un prólogo nada menos que de Mahatma Gandhi. El distinguido volumen tenía su historia. El idioma guyaratí no tenía una ortografía fija, y sílabas largas y breves eran alegremente confundidas por la mayoría, cosa que era tan grave como si en castellano se confunden la «b» y la «v». Era una verdadera «vergüenza lingüística», como sentía profundamente el propio Gandhi, pero no había entonces Academia de la Lengua que pudiera fijar el uso con autoridad que todos obedecieran. Hizo falta todo el prestigio y la autoridad moral de Mahatma Gandhi para imponer orden y fijar la ortografía. Gandhi encargó a un experto (mi después gran amigo Kálelkar) la definición de las reglas de ortografía, y las impuso ante la gratitud de todos. Yo adquirí mi copia personal del «Diccionario Ortográfico» (que en lenguaje más popular, con énfasis más perdonable en su alto precio, se llamaba vulgarmente «el diccionario de veinte rupias»), y lo usé en mis estudios. La complicación de la ortografía me obligaba a usarlo constantemente, y en poco tiempo se me gastaron tanto las páginas que hube de comprarme otro ejemplar. Recuerdo aquel momento como uno de los hitos personales de mi carrera de estudiante. Aquel tomo gastado de páginas ya inservibles era testigo mudo y elocuente de mi esfuerzo continuado por el noble objetivo de aprender la lengua madre de aquellos con quienes había escogido vivir. Mis manos habían sostenido su peso, mis dedos habían acariciado sus páginas, mis sudores habían empapado sus fibras, mis ojos habían bebido sus palabras. Lo guardé con egoísmo romántico, como reliquia personal de una etapa intensa de mi vida. Hoy hay Academia de la Lengua en el Guyarat, y ese diccionario fundamental está ya debidamente informatizado y a tiro de pantalla. No se le gastarán las hojas.

Para mí, una de las promesas más fascinantes de la informática es que puede acabar con la burocracia. Las colas en ventanilla, el papeleo bancario, la literatura comercial, los impresos sin fin, las tarjetas y facturas y recibos pueden llegar a desaparecer de nuestro entorno... y bien desaparecidos estarán. Claro que siempre habrá que darle a alguna tecla, pero el proceso estará tan integrado en la máquina y tan simplificado para nosotros que apenas se notará. No ya sólo la reserva de un billete de hotel o de viaje o de ópera se hará desde la pantalla doméstica, sino que el mismo billete quedará asimilado por ella y se deslizará invisiblemente en el «chip» personal que nos acompañará a todas partes, nos identificará ante controles, nos abrirá puertas y nos facilitará transacciones. Si la burocracia es la esclavitud del hombre moderno, la liberación de la burocracia será fecha eterna de libertad próxima para el género humano. Generaciones cercanas no sabrán ya lo que son esperas y papeles y sellos y documentos, como los jóvenes de hoy no saben lo que eran las «colas del pan» durante la guerra. La historia va cada vez más rápida.

Claro que habrá que esperar un poco. Por ahora, el mayor problema con Internet es que ha nacido saturada, y hay que volver a hacer cola para entrar en ella..., sobre todo un domingo por la mañana, cuando parece que todo el mundo con ordenador en casa se está divirtiendo en navegaciones aventureras de fin de semana. En inglés tienen un pequeño juego de palabras con la sigla WWW, que, aparte de su bello y simétrico contorno de cumbres y valles, quiere decir *World Wide Web* (La telaraña del mundo entero), pero que dicen que en realidad significa *World Wide Wait* (La espera del mundo entero), por lo que le hace esperar a todo el mundo al tratar de entrar en ella. Parece que otra vez hay cola. Pero, ya que hemos esperado tanto, podemos esperar un poquito más.

La torre de Babel

Lo que más nos caracteriza a los humanos son nuestras relaciones personales. Ellas nos forman, nos definen, nos ponen en nuestro sitio en la familia y en la sociedad, nos traen gozo y alegría, nos causan roces y preocupaciones, nos ayudan a conocernos a nosotros mismos, nos enseñan la vida. Y toda relación entre personas se basa en la comunicación. Tenemos el tesoro exclusivo del lenguaje, el tono de la voz, el brillo de los ojos, la expresión del rostro, las manos, los gestos, el cuerpo entero para mostrar emociones, entablar diálogo, articular respuestas. Todo nuestro ser está hecho para la comunicación, para dar y recibir, para expresar y escuchar, para encontrarnos a nosotros mismos en el permanente intercambio en el que encontramos a los demás. La comunicación es el eje de la vida humana.

Al principio de la existencia humana sólo existía la comunicación directa. Hombres y mujeres se comunicaban con la voz, los gritos, los gestos, siempre en cercanía inmediata al alcance de los sentidos. Aún ahora, en la residencia universitaria en la que he vivido tantos años y a la que vienen a alojarse durante sus estudios muchachos de pueblos a veces remotos y pequeños, les oigo hablándose a gritos de un cuarto a otro, con un volumen de voz que es totalmente innecesario entre las paredes protectoras y aislantes del edificio, pero que ellos traen heredado de sus entornos, donde los campesinos se hablan a gritos a través de sus campos al aire libre. Así fue durante gran parte de nuestra historia y prehistoria humana. Poco a poco, el ingenio humano comenzó a elaborar medios y métodos para comunicarse a distancia. Señales de fuego, golpes de tambor, marcas en la corteza de los árboles, figuras en las cuevas y, al fin, el milagro trascendente de la primera escritura, antepasado insigne del alfabeto que ahora mismo estoy pulsando en mi teclado electrónico. El primer humano que inventó las señales de fuego es el primer profeta de la informática, el padre remoto del correo electrónico.

Cuando Gutenberg inventó la imprenta de tipos móviles, no tenía idea del alcance que su invento iba a tener. Pero había inventado el libro, y con él el instrumento que iba a cambiar la información, la comunicación, la cultura y la sociedad entera de manera tan profunda en sus consecuencias como inesperada en su origen. Cuando Bell inventó el teléfono, creía que había inventado un aparato para sordos, y murió sin sospechar que su invento no era precisamente para sordos, sino para quienes a veces desearíamos ser sordos ante tanta llamada telefónica en tantos momentos inoportunos. Internet salió de un proyecto del Departamento de Defensa Norteamericano en 1969 para proteger núcleos de comunicación entre gobernantes y científicos en caso de un ataque nuclear. La idea era que, en lugar de crear «bunkers» de resistencia, los núcleos de comunicación quedaran repartidos con tal profusión que nunca pudieran ser destruidos todos a la vez, lo cual aseguraría la continuidad en el contacto y la información. Hoy en día, pocos usuarios de Internet recordarán, al sentarse ante la pantalla, que están utilizando un producto de origen bélico. Y cuando Tim Berners-Lee inventó la *World Wide Web* en 1989, lo hizo como un medio a través del cual investigadores de física de alta energía pudieran intercambiar rápidamente información. Tampoco soñó él con que su instrumento iba a tener aplicaciones tan variadas y universales como las que tan rápidamente ha desarrollado, desde el negocio más duro hasta el entretenimiento más divertido. Nuestros propios inventos nos siguen sorprendiendo.

Las cartas han sido durante siglos el instrumento normal de comunicación a distancia. Crearon el género epistolar, que nos ha legado obras maestras de literatura doméstica y de historia mundial, desde el epistolario de Cicerón hasta el de Mahatma Gandhi, por hablar de dos que conozco. Yo he disfrutado toda mi vida recibiendo cartas de amigos, escribiendo largamente a compañeros, esperando la respuesta que tarda en llegar, releyendo misivas que recuerdan encuentros, acortan distancias, crean intimidad. Escribir una carta, en mi feliz y prolongada experiencia, causa tanto o mayor placer a quien la escribe como a quien la recibe. Incluso conozco a personas que son más efusivas por carta que en presencia directa. Al papel no le salen los colores, como dijo precisamente Cicerón.

Mucho cambió en las cartas con la llegada del teléfono, lenta primero e imparable después. En muchos hogares el teléfono fue sustituyendo poco a poco a las cartas. Es más fácil descolgar el aparato y marcar un número que sentarse a la mesa y ponerse a escribir. Y hay voz, diálogo, espontaneidad y variedad en la llamada. En vez de la carta de felicitación de cumpleaños, se espera ahora la llamada telefónica de parientes y amigos. Las noticias de familia llegan más rápidamente por el teléfono. Y la reciente invasión de los teléfonos móviles está cambiando no ya las comunicaciones esporádicas con parientes o amigos distantes, sino las diarias con la familia con quien se convive. En un anuncio reciente de telefonía móvil aparecía la cara tostada por el sol de un adolescente sonriente, con un espacio rectangular blanquecino junto a la oreja y a lo largo de la mejilla, donde se adivinaba no habían llegado los rayos del sol por estar ocupado permanentemente por el pequeño teléfono indispensable. Un poco exagerado, pero a eso vamos.

Hace unos años, oí a alguien en conversación decir que los japoneses estaban inventando un aparato para mandar las cartas por teléfono. Me eché a reír ante lo absurdo que era pensar en meter una carta con sobre y dirección por el auricular, y esperar que saliera por el otro lado del hilo telefónico en otro país, y pensé que era un chiste sobre la inventiva japonesa. Era el Fax, que ahora usa todo el mundo, y yo mismo con toda naturalidad, y que ya se está quedando anticuado con la llegada del correo electrónico. Incluso nos dicen que el Fax ha sido "un paso atrás cuyas consecuencias padeceremos durante mucho tiempo (Negroponte), ya que sólo les va bien a los japoneses, con su escritura *kanji,* más pictográfica que simbólica. Todo ello está marcando una verdadera revolución en nuestras comunicaciones personales. «¿Cómo dices que ya no nos hablamos —dice una caricatura expresiva en un chiste reciente—, si ayer mismo te envié un fax en respuesta a tu fax de antes de ayer?».

Antes, nuestros vecinos eran los que vivían cerca de nosotros. La misma casa, la calle, la vecindad. Con ellos nos veíamos, nos saludábamos, nos conocíamos. Aún hoy en la India, en ciudades como la mía, en los estrechos callejones sin salida de la ciudad antigua, todo el mundo conoce a todo el mundo y todos se enteran al instante de lo que sucede en cada casa con la comunicación inmediata del cotilleo vecinal de ventana a ventana y de puerta en puerta. No hay «aldea global» más unida que las familias de una calle cerrada en los laberintos de la ciudad vieja. Un detalle, que mis amistades femeninas apreciarán, es que todo el mundo sabe, y las mujeres en especial recuerdan, cuándo le toca la regla a cada mujer en cada familia. Eso tiene su importancia, porque durante esos días la mujer no se emplea en las habituales tareas domésticas y necesita ayuda. La razón de abstenerse del trabajo es cuestionable, pues está relacionada con la supuesta «impureza legal» de tiempos pasados, como consta por ejemplo la Biblia; pero el resultado es favorable, porque eso le proporciona a cada mujer en el hogar cuatro o cinco días de vacación de las tareas domésticas al mes, cosa que tienen más que ampliamente merecida. Es el marido quien cocina durante esos días, y por eso todos los hombres en la India saben algo de cocina elemental de circunstancia. Pero, aun así, a la mujer le viene bien cierta ayuda en otras tareas, y ya no necesita pedirla, pues sus vecinas saben cuando le va a llegar el turno, y se aprestan a venir a su lado. Todo el barrio funciona suavemente con horarios y calendarios nunca escritos, pero siempre recordados y tenidos en cuenta cuando se trata de visitar a alguien, planear una fiesta o proyectar un viaje. Tejido entrañable de relaciones cercanas en vecindad amiga. Imágenes ya casi de tiempos pasados. Las agencias de viaje no suelen tener en cuenta en sus ofertas las fechas especiales de sus clientes femeninas.

Porque todo eso está cambiando. Desde la llegada y la generalización del teléfono, nuestros vecinos no son los que viven al lado nuestro, sino aquellos que nos llaman por teléfono y a quienes llamamos cada día. Nos cruzamos en la escalera de nuestra propia casa de pisos con un vecino o una vecina de pared por medio, y apenas los saludamos con un «hola» furtivo, sin mirarles a la cara y sin saber quiénes son. En cambio, luego seguimos pegados al teléfono, marcando números y esperando llamadas, relacionándonos incesantemente con parientes y amigos que viven al otro lado de la ciudad o a muchos kilómetros de distancia. Ésos son nuestros verdaderos vecinos. La vecindad ya no es comarcal, sino electrónica.

El correo electrónico ha venido ahora a acelerar este cambio. Es mucho más fácil teclear un mensaje rápido en la computadora que escribir una carta, poner el sobre, pegar el sello y echarla en el buzón..., esperando que no haya huelga de Correos como la hay en este momento en que estoy escribiendo. Los satélites no tienen huelgas. La recepción subsiguiente es instantánea, y la respuesta puede serlo también si se quiere mantener diálogo seguido con naturalidad absoluta a través de continentes y mares. Ha cambiado el concepto de vecindad.

También ha cambiado el estilo epistolar. Una cosa era escribir, no ya con pluma de ave y caligrafía cultivada en papel apergaminado de etiqueta antigua, sino en la cuartilla obligada, con estilo cuidado y elegancia consciente..., y otra cosa muy distinta es teclear un mensaje rápido en el ordenador para enviarlo de pantalla a pantalla sin preocupación literaria de ninguna clase. El estilo se ha hecho informal, ha perdido importancia, ha pasado a segundo plano. Antes casi importaba más la manera de decir las cosas que las cosas mismas que se decían; ahora se dice rápidamente lo que hay que decir, y se descuida —iba a decir que intencionadamente— la manera como se dice. No juzgo ni añoro, pero sí dejo constancia de que algo está cambiando en el estilo «escrito» de comunicarnos, y ese cambio tiene su importancia. La misma frecuencia a que se presta el correo electrónico por su facilidad y rapidez, tiende a reducir los niveles de calidad literaria de la expresión. Nadie se preocupa de retocar y refinar un párrafo que, casi al momento de aparecer en la pantalla, va a desaparecer de ella. Y se descuida el lenguaje.

La informática amplía enormemente el ámbito de nuestras comunicaciones, pero nos hace pagar un caro precio por ello: el empobrecimiento de nuestro lenguaje. Muchas transacciones se hacen ya, por necesidad o por conveniencia, en inglés, pero un inglés que dista mucho de la lengua de Shakespeare y se acerca más a la de Tarzán. *«Me, Tarzan; you, Jane»*. Lo entienden hasta los monos. (Es imposible olvidar la caricatura del *New Yorker* que reproduce a Bill Gates, y en la que un perro está sentado ante una computadora en actitud de activarla y le dice con gesto de conspirador a otro perro que le contempla: «En Internet nadie se entera de que eres un perro»). Es un inglés simplificado, reducido, comercial, elemental, con un vocabulario mínimo y una gramática rudimentaria. A medida que una lengua gana en extensión, pierde en profundidad, como le sucede a cualquier otro bien cuantificable. El inglés lo habla ya casi todo el mundo informatizado... y lo habla mal. Y el hablar mal siempre ha conducido, peligrosa e inexorablemente, a pensar mal.

No es ya sólo la lengua que se usa en la comunicación la que hay que considerar, sino algo más profundo y más importante. La informática es en sí misma esencialmente un lenguaje. Tiene su alfabeto digital de ceros y unos, sus traducciones vertiginosas, sus reglas, sus expresiones misteriosas. Un ejemplo que me deleita es la expresión mixta *Juan and Alice,* en la que «Juan» es el nombre español, *and* es en inglés «y», y *Alice* es, desde luego, «Alicia»: «Juan y Alicia». Pero al tratar de pronunciar la expresión rápidamente en inglés, «Juan» suena en oídos británicos como «uan», ya que es sabido que los ingleses no pueden pronunciar la «jota», y «uan» es la pronunciación del numeral *one* en inglés, que quiere decir «uno». Luego, *Alice* en inglés suena como «ales», que recuerda al alemán *alles,* que significa «todo» y que en inglés se dice *all*; y así, todo este penoso análisis multilingüe nos lleva a la expresión *One and all,* que se usa en inglés para decir sencillamente «todo el mundo». Así, «Juan y Alicia» vienen a significar «todo el mundo» para quien esté en el secreto y no se despiste, como me pasó a mí la primera vez que me encontré a la pareja en el ordenador. Todo un código esotérico para los iniciados. Y hay símbolos aún más divertidos, como los célebres «emoticones» (emoción + icono = emoticono), que hay que leer preferentemente de medio lado:

:-) = va de broma
:-(= estoy triste
ó-ó = llevo gafas
(:-| = soy calvo
:-? = fumo en pipa

}:-) = soy un diablo con cuernos
:-/ = no me convence

y los que la imaginación se invente, siempre guiñando un ojo ,-) para poder seguir riendo a carcajadas :-DDD (no olvidar mirar de medio lado).

Más pruebas de humor informático en perplejidades del usuario ante la pantalla, y las respuestas oficiales de ésta:

Error. — Es su primer error, ¿verdad? No se preocupe, no ha de ser el último. Pulse cualquier tecla para seguir.

He perdido el teclado. — No importa. Pulse cualquier tecla para seguir.

He perdido el ratón. — Llame al gato.

He perdido el ordenador. — Enhorabuena.

No sé qué hacer. _ Pulse la tecla «I» para iniciar una prueba de inteligencia.

¿Cuál era el error? — Error erróneo. Ganó usted... por una vez.

Respuesta que me dio a mí el guardia civil de turno en el aeropuerto de Barajas cuando le dije que el manual de mi ordenador portátil decía que no debía pasarse por una máquina de rayos X: «Hay que pasarlo, señor. Pero no se preocupe; después de pasarlo, lo prueba usted, y si se ha estropeado, escriba una queja a la dirección general de policía». Y lo dijo tan serio. La respuesta tuvo su utilidad, pues me ha permitido citarla aquí, y el portátil no se me estropeó. Ya sabía yo que el manual no servía para nada.

Acuérdate del nombre del archivo donde está el archivo que guarda el índice de los archivos donde has archivado cada archivo.

No te preocupes. Para cuando encuentres el archivo que buscas, habrá dejado de interesarte.

No te precipites. Cálmate antes de actuar y reflexiona. Coge un martillo más grande.

Anímate. La computadora te ayudará a resolver problemas que nunca se te habrían ocurrido sin ella.

Evita la nostalgia. No pienses en tu antigua máquina de escribir.

Y luego está aquel que se durmió con la cabeza sobre el teclado y escribió «pppppppp...» hasta llenar el disco duro.

La informática es la lengua madre de la nueva generación. Quienes nacen ya con ella, la aprenden jugando y disfrutan usándola con la mayor naturalidad del mundo. El sueño del esperanto, la europarla, el milagro de las lenguas de Pentecostés, se ha hecho realidad práctica en nuestros días. Un *JavaScript* definitivo. Eso trae la gran ventaja de la universalidad, la hermandad, la totalidad. Todos podemos comunicarnos con todos. Pero trae también una gran desventaja: el lenguaje digital es muy pobre como lenguaje. La expresión se limita y se empobrece, y al limitarse y empobrecerse la expresión, se limitan y empobrecen con ella las ideas expresadas. Es una gran pérdida.

Para colmo, la traducción mecánica de una lengua a otra por la computadora está avanzando a pasos agigantados. En próximas generaciones, un árabe podrá escribir e incluso hablar en su lengua con un japonés, y el japonés le responderá en la suya, sin que ninguno de los dos sepa la lengua del otro. Eso será enormemente práctico. Se acabaron las gramáticas, los diccionarios y los exámenes de lenguas. Comunicación instantánea y universal. Pueden descansar los intérpretes de reuniones internacionales. Pero esa traducción mecánica, ese lenguaje prestado, ese ejercicio impersonal, nunca tendrá la riqueza de la lengua cultivada, de la expresión viva, del tono de voz, la inflexión, el elemento más personal y esencial en lo que más nos caracteriza a los humanos: el lenguaje. Se ganará en velocidad y universalidad, pero se perderá en riqueza, en matiz, en cultura, en personalidad. La comunicación no estará basada, como fundamentalmente lo ha estado hasta ahora, en la presencia mutua de quienes se comunican, sino en ese lenguaje neutro de la pantalla y el micrófono, que, por perfectos que se vayan haciendo, nunca reemplazarán a la presencia. Y al ser ese lenguaje muy pobre como tal, se empobrecerá también la naturaleza de las relaciones humanas, que es lo que en último término nos define como humanos y nos enriquece como personas. Se nos viene encima un gran bajón de lenguaje, de comunicación, de cultura, y ése es el mayor precio que vamos a pagar por la globalización de nuestros contactos. Un ordenador tradujo del inglés al castellano la frase bíblica *the spirit is willing, but the flesh is weak* como «las bebidas alcohólicas (en inglés *spirits*) han llegado, pero el filete es delgado». San Pablo quería decir más bien: «el espíritu está pronto, pero la carne es flaca». Cuestión de matiz.

Hablando de la Biblia, ésta es una versión moderna del episodio de la Torre de Babel:

> En un principio, los humanos tenían cada uno su lengua y se arreglaban cómodamente con ello. Cada uno hacía su trabajo sin molestar ni ser molestado por los demás, y si algo hacía falta del vecino, se entendían por señas. Un hombre que tenía cierta imaginación e iniciativa trazó en terreno abierto los planos de una gran torre que llegara al cielo, y se puso a construirla por su cuenta los fines de semana. Sus vecinos lo vieron y le indicaron por señas que querían ayudarlo, y así la torre fue subiendo cada vez más majestuosa hacia el alto cielo. Yahvé los vio desde su trono y se alarmó. «Si siguen así», pensó, «van a llegar hasta el cielo y disputarme mi trono. Hay que hacer algo para detenerlos». Después de mucho pensar, se le ocurrió el mejor curso de

acción. Con su poder soberano unificó de un golpe los lenguajes de todos los hombres y mujeres. Desde aquel momento todos hablaron la misma lengua. Comenzaron a discrepar, a discutir, a enfadarse, a reñir..., y ése fue el final del proyecto de la gran torre.

Cuando se aunaron las lenguas de nuestros primeros antepasados, se armó la de Babel. Ahora que se van a aunar las lenguas de todos los humanos en la computadora... ¡veremos la que se arma!

El problema del servilletero

La fotografía la inventaron los fotógrafos. Ellos fueron quienes la buscaron, la ensayaron, la perfeccionaron para sus propios usos y bajo su propia investigación. En su desarrollo se unieron la ciencia y el arte, con lo que la fotografía tuvo un desarrollo orgánico desde un principio y hasta el día de hoy. Ese equilibrio entre investigación y práctica se refleja en su madurez permanente, como puede comprobar cualquier fotógrafo o aficionado moderno. No ocurrió lo mismo con la televisión. La televisión la inventaron los físicos... y sólo más tarde pasó a manos de profesionales de otros ramos, con lo que se desequilibró la ecuación entre la ciencia y el arte, sin beneficio para nadie. Negroponte, de quien tomo estas ideas, las ilustra con una significativa anécdota, para la cual hay que recordar solamente que John F. Kennedy, que comenzó su candidatura para presidente de los Estados Unidos como perdedor, ganó apretadamente a Richard Nixon gracias al debate televisado que sostuvieron (y que fue el primero de su género en el mundo), y al que Nixon acudió mal maquillado y peor preparado, mientras que Kennedy, que era una «criatura telegénica», cautivó al auditorio e inclinó la balanza de votos a su favor.

«La televisión se inventó por imperativos puramente tecnológicos. En 1929, cuando pioneros de la televisión como Philo Farnsworth y Vladimir Zworykin vieron las imágenes electrónicas del tamaño de un sello postal, decidieron perfeccionar el sistema, movidos por su curiosidad tecnológica.

Al principio, Zworykin tenía algunas ideas ingenuas sobre el uso de la televisión, y por ello sufrió una gran desilusión durante los últimos años de su vida.

El antiguo presidente de MIT, Jerome Wiesner, cuenta que Zworykin le visitó un sábado en la Casa Blanca, cuando Wiesner era asesor científico y amigo íntimo de John F. Kennedy. Le preguntó a Zworykin si conocía al presidente y, como contestase que no, lo llevó a su presencia. Wiesner lo presentó al presidente con estas palabras:

—Éste es el hombre que hizo posible su elección.

—¿Cómo es eso? —preguntó sorprendido JFK.

—Éste hombre inventó la televisión —le explicó Wiesner. JFK comentó que su invento era extraordinario.

Pero Zworykin respondió con ironía:

—¿Ha visto usted televisión últimamente?» (*El mundo digital*, p. 104).

El mismo inventor de la televisión se apenó al ver a lo que, aún en vida suya, había llegado la televisión. Si viviera ahora, quizá lamentaría su invento. El manejo de la televisión pasó desde un principio a los profesionales de la información y el entretenimiento. No se unieron la ciencia y el arte como lo habían hecho en la fotografía. Los científicos sí se preocuparon de ir perfeccionando su invento, y pasaron del blanco y negro al color, a definiciones cada vez más exactas y a efectos cada vez más sorprendentes. La técnica con que se realizan los programas ha avanzado a pasos agigantados. No así la calidad de los programas mismos. Incluso puede decirse que ha retrocedido.

Cuando yo estudiaba matemáticas en Madrás (Chennai), se nos planteaba en clase de dinámica el célebre «problema del servilletero». La situación es familiar a todo el que ha comido sentado a una mesa con mantel y con un servilletero redondo en forma de anillo para su servilleta. Todos hemos jugado de pequeños al sencillo juego de apretar el servilletero contra la mesa con el dedo índice, y luego hacerlo salir disparado hacia adelante, al mismo tiempo que le imprimíamos efecto hacia atrás, con lo cual el servilletero avanzaba mientras el impulso lineal hacia adelante superaba al efecto circular hacia atrás, y cuando el efecto se imponía, volvía hacia atrás en medio de nuestra alegría de niños. La aparente diversión de niños es todo un complicado problema de dinámica matemática, en el que hay que combinar las magnitudes de las fuerzas empleadas en cada sentido, el radio y el peso del servilletero y el coeficiente de fricción del mantel (en una mesa lisa no resulta el experimento) para calcular si el servilletero volverá, cuándo volverá, qué distancia recorrerá, y si llegará o no hasta la mano que lo ha proyectado. Lo divertido para mí fue, que cuando nuestro profesor, el excelso matemático y exquisito pedagogo Sr. Nárayanam, llegó a este problema, nos dijo con encantadora sencillez: «Les voy a explicar el "problema del servilletero", y dominaremos todos sus casos y sub-problemas en todo detalle. No se preocupen por eso. Pero he de confesarles que no sé qué es un servilletero ni para qué sirve ni qué diablos tiene que ver con el movimiento de un objeto circular sobre una superficie áspera en una clase de dinámica avanzada de los cuerpos sólidos». Yo miré a mi alrededor. Estaba rodeado de brahmanes tamiles del sur de la India que sabían muchas más matemáticas que yo, pero que a la hora de comer se sentaban cómodamente en el suelo ante una hoja de plátano que servía de mesa, mantel y plato, comían con los cinco dedos de la mano derecha (nunca la izquierda: aviso para turistas), se lavaban la mano con agua sobre la misma hoja al acabar y la dejaban secar felizmente al calor del sol, sin preocuparse por manteles y servilletas. Pedí permiso al profesor y traté de explicarles la situación a todos con mis memorias de niño. Me oyeron con respeto, pero mi exposición no les dijo nada. No necesitaban servilleteros.

Años más tarde, cuando ya reinaba la televisión, vi un día un programa de matemáticas avanzadas en un curso universitario de la BBC, y en él explicaban... ¡el problema del servilletero! Daba gloria verlo. La mesa, los manteles, el niño enredador, el servilletero que viajaba hacia adelante y hacia atrás, las tomas de la televisión desde todos los ángulos... y luego las ecuaciones diferenciales, la manipulación algebraica, las sustituciones, las soluciones, las condiciones finales para que el servilletero volviera exactamente a la mano del niño... y éste sonriera con alegría inocente entre guarismos y logaritmos. Fue un modelo de cómo un programa de televisión puede instruir, divertir, ayudar a preparar un examen y hacer pasar un rato entretenido, todo al mismo tiempo. Pero me llegaba tarde para comunicársela a mis añorados compañeros de carrera.

No he vuelto a ver programas como aquél. La televisión dejó pronto los rumbos de la ciencia para derivar por las avenidas del entretenimiento. Y tampoco del mejor entretenimiento. Dicen que tenemos la televisión que nos merecemos. Eso es un poco verdad, pero no del todo. Aprecio al género humano, al que pertenezco, y creo que su nivel medio de cultura, sentido común y buen gusto está por encima del que impera en la televisión. ¿Cómo se ha producido este fenómeno? ¿Cómo es que el mal gusto de la televisión actual dirigida por unos pocos ha llegado a imponerse al buen gusto de los muchos que pagamos por ella? Mi análisis de la situación pasa por la consideración de la política, la moda y el dinero, que están íntimamente ligados entre sí. Tomo la palabra «política» en su sentido amplio, como «mentalidad», más que como pertenencia a un partido político, aunque esto sea a veces su apariencia externa. En ese contexto sitúo mi análisis.

La etapa del crecimiento de la televisión coincidió con el tiempo en que en España y en otros muchos países en general se puso de moda el ser de izquierdas, o al menos parecerlo en la manera de hablar, de portarse, de parecer, de enjuiciar gustos, costumbres, ideas. Había que romper con el pasado, liberarse, destaparse, ser distinto, ser moderno. Había que ser «progre». Por otro lado, los gustos «clásicos» se han asociado siempre —con razón o sin ella— con la clase de derechas, tradicional, conservadora. No porque los clásicos fueran gente de derechas, sino porque aquellos que los disfrutaban eran en general gente de estudios, educación, medios y modales que los situaban en el ala conservadora de la sociedad. Al rechazar, pues, la derecha, había que rechazar lo «clásico» —en pintura, música, poesía, arquitectura, corte de pelo o diseño— y declararse a favor de lo «moderno», tuviera ello mérito o no. Y al llegar esta actitud a los que ocupaban puestos de gobierno, se impusieron estos criterios en decisiones, selecciones, subvenciones, repeticiones, adulaciones, promociones y ambiciones que marcaron pautas y crearon rutas obligatorias de modernismo instalado en todos los órdenes y organizaciones —especialmente en medios de comunicación bajo control gubernamental—, sin consideración a su valor o falta de él.

Un conocido político de izquierdas hubo de justificar su cultivado gusto por la música excelsa y consagrada de Mahler diciendo que le gustaba Mahler porque «Mahler destruye la sinfonía». Yo se lo oí decir en televisión (¡precisamente!). Es fácil entender esa frase —por más que sea totalmente falsa. La sinfonía evoca a Haydn, Mozart, Beethoven, y la música de estos grandes clásicos se identifica en general —vuelvo a decir que con razón o sin ella— con la clase culta y adinerada que asistía a los conciertos de su música en una sociedad refinada y sofisticada. Un político de izquierdas no puede identificarse con esos gustos «de derechas». Pero le gusta Mahler. Y encuentra su justificación en decir que Mahler «destruye» la sinfonía, y que por eso le gusta Mahler. No carece de ingenio la explicación, ya que Mahler sí que revoluciona el género sinfónico en sus propias sinfonías; pero la explicación es más bien un refugio dialéctico que un enjuiciamiento sereno, ya que Mahler no «destruye» nada, sino que elabora con su genio los géneros que sus predecesores prepararon, y a Mahler le gustaban, le formaban, le inspiraban Haydn y Beethoven y Mozart. Hay continuidad, que no ruptura, en la historia de la gran música —llámese clásica, romántica o eterna. Más distancia hay de la quinta sinfonía de Beethoven a la última de Mozart que de la primera de Mahler a la última de Beethoven. Y Beethoven no destruye a Mozart. Nadie destruye a nadie.

Pero el político —o el peatón— de izquierdas ha de «destruir» todo lo que suene a clásico, a tradicional, a conservador. Y ahí viene el proclamar grande, bello, maravilloso todo lo que rompa con el pasado —sin tener en cuenta lo que en sí mismo valga. Tal actitud abre la puerta a todo género de obras mediocres en todas las artes, que ganan publicidad, aceptación, reconocimiento, renombre ante la crítica y el público, que no han sabido en un principio y no pueden ya ahora afirmar y seguir sus verdaderos gustos. O, mejor dicho, ya no saben ellos mismos cuáles son sus verdaderos gustos. Esto ha llevado en todos los terrenos a la degradación de la estética, amparada por la moda y la política, a las que se junta inevitablemente el dinero en todas sus formas. De ahí la situación presente.

Francisco Nieva, oportuno crítico y académico de la lengua, expresa con claridad un decidido análisis:

«Puedo jurar que antes tenía claro lo que era para mí belleza. Ahora ya no. En los últimos tiempos, la crítica ha caído en un eclecticismo sin bordes. Han aparecido misioneros feroces del "todo es válido". Hemos tenido que darles la razón a la fuerza, y ahora la crítica no tiene sentido. Hay dos o tres pintores —o músicos o arquitectos o escritores o diseñadores— que están muy bien porque están muy mal. Hemos llegado a un mundo pasmado de comprensión y tolerancia, en arte por lo menos. El concepto de modernidad ha terminado reduciendo la capacidad de juicio del hombre normal y corriente.

Cuando vi el enorme fresco en contrachapado para las Naciones Unidas en París, hecho por Picasso, hube de exclamar espontáneamente: "¡Eso es una birria que no le puede gustar a nadie!" De hecho, pocas veces se le reproduce, precisamente porque es una birria, pero dejó muy conformes a sus comanditarios. Porque ser una birria era su marchamo, su garantía de modernidad.

Lo moderno ha llegado a una crisis, no porque no haya triunfado, sino porque ha triunfado demasiado, y en no pocos aspectos se ha impuesto como una doctrina represiva y autoritaria. Todo lo que hagan las administraciones y los profesionales técnicos que las secundan es moderno y progresista por narices, porque lo afirman ellos, porque se lo han hecho creer interesados intelectuales de partido.

Desde hace tiempo tengo la impresión de que todos los políticos —y de los más diversos pelajes— tienen unos gustos privados que no confiesan; pero cuando se trata de hacer lo "políticamente correcto", están por lo moderno sin discusión. ¿No piensa nadie que éste pudiera ser el estado de espíritu de una decadencia tan grande como la de la antigua Roma?» (*ABC* 24.5.98, 12.6.98)

El gran peligro que nos acecha es el del conformismo cultural. La moda impuesta, forzada, aceptada, seguida por la mayoría con resignación creciente e inconsciencia culpable. Ésa es la tentación del milenio. Conformarse culturalmente a las formas de la antiestética prevalente por timidez, por pereza, por miedo, por inseguridad, por debilidad, por falta de personalidad, por la necesidad de encontrar aceptación, integración, comodidad entre un grupo de personas que por dentro piensan lo mismo que él y por fuera son tan indecisas como él y necesitan apoyarse todos en algo que en el fondo a todos desagrada. Aplaudamos todos debidamente al final de la representación que no ha gustado a nadie. Y sigue la farsa. Luego se forma costumbre entre gente que sólo oye y ve los productos de la antiestética, y se debilitan cánones que tanto bien hicieron a tantos, pudiendo llevarlos hasta su desaparición. Ése es el peligro.

Si ésa es la tentación del milenio, la solución está en la libertad, la elegancia, el atrevimiento, el lujo intelectual y el deber cultural de ser distinto. El profeta del siglo que viene es quien en cualquier campo, terreno, ideología, ramo del saber, actividad profesional, espacio de esparcimiento o pauta de conducta, sabe y puede y quiere ser él mismo o ella misma con toda la responsabilidad del mundo y toda la alegría de su conciencia. Imaginación, creatividad, libertad son las grandes virtudes del siglo que viene. Con eso rubrico mi convicción más profunda de cambio de siglo.

Ardillas de metal

La Iglesia ha entrado en la era digital. El Vaticano tiene tres superordenadores, a los que ha llamado apropiadamente Gabriel, Miguel y Rafael. Está presente en Internet con la dirección <*www.vatican.va*>, donde atiende a «visitantes» en latín, inglés, francés, español, italiano, alemán, portugués y polaco, y ha anunciado que pronto lo hará en árabe y en chino. Numerosas congregaciones religiosas, diócesis, parroquias, santuarios de peregrinación y obras sociales tienen también sus «ventanas» electrónicas. Los nuevos horizontes de la información se van abriendo a todos. Incluso dan lugar a que se expresen opiniones distintas.

En Francia, el obispo católico Jacques Gaillot fue separado de su diócesis de Évreux en 1995 por manifestar opiniones en divergencia con la doctrina oficial. Según la antigua costumbre, se le dio una diócesis *in partibus infidelium* (en tierra de infieles), es decir, un título nominal de una diócesis que existió en la antigüedad pero que ya no existe, para así retener su título de obispo (ya que el obispo lo ha de ser de alguna diócesis) mientras en la práctica está privado de jurisdicción. El título fue el de la diócesis de Partenia, territorio católico en siglos remotos, y hoy perdido entre las arenas de África. El obispo sigue residiendo en Francia, pero ostenta el título honorífico de Obispo de Partenia. Hoy Jacques Gaillot ha abierto su propio «local» *(Web site)* en Internet, desde el que expone sus ideas, recibe y contesta correo electrónico, publica instrucciones y está incluso preparando un catecismo que va proponiendo capítulo a capítulo y corrigiendo según los comentarios que recibe. Tiene ya más visitantes en su dirección de Internet que fieles tuvo en su diócesis. Le llama su «diócesis virtual», y a su local en la Red lo ha llamado «Partenia». No le falta sentido del humor.

Internet se va definiendo poco a poco como la nueva ágora donde los ciudadanos se encuentran, se conocen, hablan y preguntan, y donde se forma la opinión pública, y con ella, a la larga, se determina la marcha de los pueblos. Su estilo, su lenguaje, su efecto y su cultura nos van a afectar a todos, y con nosotros también a la vida de la Iglesia, a la que ayudará decididamente en la providencia que rige sus caminos, en sus esfuerzos hacia su mejor desarrollo y su más firme crecimiento en los nuevos tiempos que comienzan. San Pablo, cliente insigne y patrono permanente de los medios de comunicación, inspirará y dirigirá esta influencia benéfica de lo más moderno en lo más tradicional.

Internet es transparente, rápida, inmediata, universal, niveladora de clases, descentralizadora, distribuidora de información y creadora de opinión. Todas esas son cualidades que pueden mejorar nuestras vidas de cristianos. Nos puede aleccionar lo que Bill Gates, el hombre más rico del mundo, dice de sí mismo y de su experiencia en sus enormes dominios: «Gracias al correo electrónico, no quedan ya niveles intermedios entre mí y cualquiera de los trabajadores en Microsoft. Por desgracia, toda la tecnología del mundo no puede darme más de veinticuatro horas al día, y así hay muchos empleados a quienes nunca veré o escribiré personalmente. Pero si me envían un e-mail, sí que lo leo y me aseguro de que reciben respuesta» (p. 177).

Evidentemente, no se trata de que todo el mundo pueda interpelar a todo el mundo. Un claro peligro de Internet es que, al abrir la puerta a toda comunicación, la deja abierta también a comunicaciones indebidas. Ya se están ideando filtros selectivos y defensas legítimas ante la avalancha de información que se nos viene encima. Pero sí queda el aspecto positivo de que será mucho más fácil en un próximo futuro enterarse de la opinión pública, crear una conciencia colectiva, estar en contacto. Bill Gates continúa:

> «A medida que vaya aumentando la importancia de comunidades interactivas en la Red, la gente recurrirá a ellas para saber lo que el público piensa en realidad. A la gente le gusta enterarse de lo que pasa. Algunas instituciones habrán de hacer grandes cambios, según vaya aumentando el poder de comunidades en la Red. En conjunto, creo que las ventajas de una información abundante serán mucho mayores que los problemas que cause. Más información quiere decir más opción» (p. 244).

Y Esther Dyson, la dama indiscutible de la informática, invitada de honor por el arzobispo de Denver a un congreso de medios de información católicos en marzo de 1998, con asistencia de siete cardenales y cincuenta obispos de quince países, dice también claramente en su indispensable libro *Release 2.0* lo siguiente:

> «El mayor impacto estructural que la Red produce es descentralización. Ni las cosas ni la gente dependen ya de un centro para conectarse. La Red debilita autoridades centrales, sean buenas o malas, y ayuda a fuerzas dispersas a actuar conjuntamente, también sean éstas buenas o malas. La descentralización es una fuerza profunda y desestabilizadora. Afecta no sólo a los gobiernos, sino a los negocios, medios de comunicación, instituciones de salud pública, religión organizada, y cualquier otro "establecimiento". Cambia el equilibrio del poder» (p. 8).

> «La Red cambia el paso de todo lo que sucede en su entorno» (p. 73).

«Tendrás más opciones para influir en las organizaciones y las personas con quienes tratas. Las opciones y acciones de tu propia vida harán su impacto en la trama de la vida de la gente a tu alrededor en la Red» (p. 278).

«Yo espero que tu conducta en la Red cambiará tu vida entera» (p. 280).

No se trata de introducir democracia en la Iglesia. Pero sí de generalizar, profundizar y publicar información auténtica a todos los niveles. Eso nos interesa a todos. Voy a dar un par de ejemplos de vida política y administrativa, no para copiarlos ciegamente, pero sí para iluminar sabiamente circunstancias en la vida religiosa. En la ciudad en la que vivo se anunció con unos días de anticipación una huelga de *rickshaws,* que son esos taxis-motocicleta de tres ruedas que navegan alegremente en todas direcciones por nuestras calles sorteando a peatones, saludando a policías, respetando vacas y toreando luces de tráfico, y a los que mi amigo y poeta Suresh Dalal llama acertadamente «ardillas de metal». Cada vez que me acomodaba yo en una de esas ardillas en los días precedentes a la huelga anunciada, le preguntaba al conductor, siempre dispuesto a entablar conversación con un cliente comunicativo: «¿Piensas tú ir a la huelga?» Y siempre me contestaban: «No». Uno de ellos incluso me dijo que él sacaría su vehículo a dar una vuelta por la calle en protesta contra la huelga, pero no más porque temía la eficacia acostumbrada de los «piquetes disuasorios» que le destrozarían su taxi. Durante otra huelga de estudiantes en la universidad, les preguntaba yo a cuantos universitarios me encontraba esos días: «¿Estás de acuerdo con la huelga?» No es que quisieran fingir ante mí por miedo o por respeto, pues tenían toda la confianza del mundo para decirme lo que pensaban, pero también aquí recibí la misma respuesta unánime: «No. Yo no quiero la huelga. Nosotros no queremos la huelga. Pero la imponen los jefes de clase, que tampoco la quieren ellos, pero se la

imponen los partidos políticos a los que pertenecen y que les apoyan. Los estudiantes no la queremos». Cuando se reanudaron las clases, yo propuse en el tablero el teorema más extraño de la matemática moderna. Escribí sin inmutarme,
$$0 + 0 + 0 + 0 + 0 + 0 + 0 = 1$$
y comenté tranquilamente: «Ése es el sorprendente resultado que vosotros habéis demostrado estos días. Representamos el "no" por el 0, y el "sí" por el 1, y tenemos que, aunque todos habéis dicho que no a la huelga, ha resultado que sí. *Quod erat demonstrandum*».

Repito que no quiero trasladar conflictos políticos a situaciones religiosas. De ningún modo. Pero sí he oído a veces, en la información discreta y callada de «círculos informados» de la era pre-Internet, que números importantes de católicos responsables se han dolido a veces del nombramiento de un obispo, de las actuaciones de un párroco, de intervenciones romanas en el gobierno de órdenes o congregaciones religiosas, o de ciertas declaraciones más o menos oficiales de la jerarquía eclesiástica sobre temas de doctrina y conducta cristianas. Más información y comunicación en esos casos nos ayudaría a todos. Y ahora se están creando las estructuras por las que esa información y comunicación rápida y eficaz se va a hacer normal. Volviendo a la metáfora de las ardillas —y siempre sin forzar la comparación—, si la huelga de taxis se hubiera decidido por la mayoría de todos los taxistas en votación abierta o secreta, no habría habido huelga. Hoy en día no es posible ni práctico recabar el voto individual de cada taxista en cada propuesta de huelga, pero a lo largo del siglo XXI esa consulta directa llegará a ser fácil y normal, porque existirán y se manejarán los instrumentos para ello, y algo cambiará entonces en los sindicatos —y proporcionalmente, y respetuosamente, en la Iglesia. La Iglesia no es una democracia; pero la opinión pública es, y va siendo cada vez más, un factor importante en la vida de la Iglesia.

En la Iglesia la «opinión pública» es algo mucho más profundo y delicado que un mero recuento de votos o una comparación algebraica de los resultados de unas elecciones. Es nada menos que lo que los teólogos y los papas han llamado siempre el *sensus fidelium,* es decir, «el sentido de los fieles», que es la manifestación viva y permanente del Espíritu Santo en el Cuerpo entero de Cristo que es la Iglesia, y que comprende, no sólo y eminentemente a la cabeza, sino hasta la célula más insignificante o grupo de células conectadas en tejidos como podemos ser nosotros en persona o en grupos de vida cristiana. Y en todos manifiesta el Espíritu Santo su sentir, con debida proporción, relación y continuidad, pero también con las características, individualidad y diversidad que muestran precisamente las diversas partes del cuerpo, para que todas en su variedad contribuyan a la riqueza total de la vida del Espíritu en su Iglesia hoy. «No puede decir la cabeza a los pies: "No os necesito"», dijo san Pablo hablando precisamente del Cuerpo de Cristo del que todos formamos parte. «Vosotros sois el Cuerpo de Cristo, y sus miembros cada uno por su parte. Y así los puso Dios en su Iglesia» (1 Cor 12,21,27-28).

Por eso pienso humilde y confiadamente, soñando sueños de evangelio en riberas expectantes de nuevo milenio, que el Internet pagano en manos cristianas va a ser despertar de profecía en tierras de Israel, porque va a dar voz, representación, volumen y presencia a cristianos peregrinos por los desiertos de la vida; va a unir pueblos, formar grupos y educar multitudes; va a sacudir ondas de amanecer por terrenos vírgenes para allanar caminos, enderezar veredas, rellenar barrancos y allanar colinas y preparar una nueva venida de la Salvación de Dios a su pueblo. «No se ha acortado la mano del Señor».

La Iglesia del tercer milenio

La revista semanal del arzobispado de Madrid, «Alfa y Omega», que leo agradecidamente todos los sábados, titulaba así en portada su reportaje del Congreso Mundial de los Movimientos Eclesiales en Roma el domingo de Pentecostés del año 1998: LA IGLESIA DEL TERCER MILENIO. 234 representantes de 58 movimientos y comunidades eclesiales, junto a más de 200.000 miembros de esos movimientos venidos de todo el mundo, celebraron en la Plaza de san Pedro lo que el mismo Papa llamó «un nuevo Pentecostés». El Prefecto de la Congregación para la Doctrina de la Fe, cardenal Josef Ratzinger, se refirió a la conocida expresión del teólogo Karl Rahner que había descrito los tiempos de después del Concilio como «el invierno de la Iglesia», y declaró que esa etapa, «que era una experiencia que habíamos vivido todos», ya había pasado y daba ahora lugar a una «primavera de la Iglesia» con esta nueva «irrupción del Espíritu, que cambia siempre los proyectos de los hombres». Dice el reportaje que hacía tiempo que no se había visto al Papa tan a gusto, «tan emocionado, confortado y feliz». Y fue el cardenal Vlk, arzobispo de Praga, quien dijo al final dirigiéndose a la gran asamblea: «Viéndoos a vosotros, veo la Iglesia del tercer milenio».

Expresión justa. Pero no del todo. Esos bienvenidos movimientos, con su fe, su fidelidad y su entusiasmo, son sin duda la esperanza, el gozo y la ilusión de la Iglesia en el umbral del tercer milenio, y están llenando ya de promesas el futuro. Pero no son «toda» la Iglesia. Y esto no es una minucia verbal, sino una consideración de fondo. Hay muchos católicos, y buenos católicos, y los seguirá habiendo en el próximo siglo y milenio, que no pertenecen a esos movimientos, y no por eso dejan de ser Iglesia. Algunos no conocen esos movimientos, otros los conocen y los aprecian, pero no forman parte de ellos, y otros, en fin, se sienten incluso algo distanciados de la mentalidad y los rasgos típicos que muestran. Todos esos movimientos, con sus distintas características y personalidades, tienen un aspecto en común, y es el de ser en general más conservadores, tradicionales, centralizados en su estructura, su espiritualidad y su acción; y hay otros católicos que, en persona o en grupo, son algo menos tradicionales, conservadores o centralizados, y también son —somos— y se sienten —nos sentimos— Iglesia. Para todos hay sitio, dentro de los límites de la ortodoxia que todos reconocemos y respetamos.

Y ésta es, para mí, la verdadera característica de la Iglesia en el próximo siglo y milenio: que estará constituida felizmente por diversos grupos de diversa mentalidad —siempre entiendo y repito que dentro de la auténtica legitimidad—, con mutuo reconocimiento y aprecio, que nos completaremos unos a otros, que enriqueceremos con ello la vida y la actividad de nuestras comunidades, y con ello facilitaremos la participación activa y la vuelta, si es necesario, a la práctica de la fe a quienes se habían alejado de ella por no haber encontrado quizá entornos en los que manifestarla y practicarla con genuina satisfacción personal. Al presentar una mayor variedad, alcanzaremos también una esperada universalidad.

Desde después del Concilio, y a lo largo de la segunda mitad del siglo XX, la doctrina y práctica de la Iglesia católica ha discurrido por cauces más bien conservadores. Toda vida tiene ritmos y toda historia tiene épocas, y el mismo Espíritu Santo, que es viento y es calma y es fuego y es vida, se acomoda en sus idas y venidas a los rumbos y estaciones de los espacios humanos que él mismo creó. Y son todas esas idas y venidas, esas luces y sombras, esas plenitudes y esos silencios, esas alternativas y esos complementos, los que todos juntos van formando y equilibrando y perfeccionando y vivificando a la Iglesia que somos todos y todos queremos ser. El peligro estaría en la monotonía uniforme que redujera la acción del Espíritu a cauces estrechos. El cardenal Ratzinger, en la misma reunión de Roma, dijo estas impresionantes palabras:

> «Es necesario decir alto y fuerte a las Iglesias locales, y también a sus obispos, que no se puede consentir ninguna pretensión de uniformidad absoluta en sus organizaciones y programaciones pastorales. No pueden llevar adelante sus proyectos pastorales como piedra de toque de que aquéllos tengan el Espíritu Santo, pues, ante los que son meros proyectos, puede ocurrir que las Iglesias se hagan impenetrables al Espíritu de Dios y a aquella fuerza que necesitan para vivir».

Son palabras fuertes pero necesarias; y yo me permito añadir que, si una «uniformidad absoluta» en Iglesias locales dañaría a la vida del Espíritu en ellas, con mayor razón lo haría una tal uniformidad absoluta en la Iglesia universal. Al contrario, la apertura —dentro siempre de la debida ortodoxia— a diversas expresiones de la misma fe, ha de contribuir a vivirla mejor por todo el mundo en tiempos venideros.

Mi optimismo de que esta apertura se va a producir en el siglo XXI (o al menos —dicho con humor y paciencia— en el tercer milenio) se basa —aparte de mi disposición permanente a encontrar siempre el lado sonriente de las cosas— en los signos de los tiempos que acabo de señalar en este libro. Traslado a terrenos eclesiásticos el optimismo que Negroponte siente en dominios informáticos y, en consecuencia, en todos los campos de la vida:

«Ser digitales nos proporciona motivos para ser optimistas. Como ocurre con las fuerzas de la naturaleza, no podemos negar o interrumpir la era digital. Posee cuatro cualidades muy poderosas que la harán triunfar: es descentralizadora, globalizadora, armonizadora y permisiva» (p. 270).

«Más que nada, mi optimismo deriva del carácter permisivo de ser digitales. El acceso, la movilidad y la habilidad para propiciar el cambio son los factores que harán que el futuro sea diferente del presente. En la medida en que los niños se apropien de un recurso de información global y descubran que sólo los adultos necesitan permiso para aprender, podremos encontrar nuevas esperanzas en lugares donde antes había muy pocas.

Los bits que controlan ese futuro digital están cada vez más en manos de los jóvenes. Nada podría hacerme más feliz» (p. 273).

Palabras esperanzadoras de juventud que yo aplico con fervor a espacios de fe y realidades de vida cristiana. Las facilidades que la informática en avance va poniendo ya en manos de todos y pondrá cada vez más de día en día —sobre todo en manos jóvenes—, están fomentando ya y fomentarán cada vez más la formación y el crecimiento de grupos multicolores de arco iris de nuevo pacto entre Dios y su pueblo, que alegrarán con sus curvas y destellos los caminos del pueblo peregrino en su historia de salvación. Los nuevos medios harán oírse a individuos, agruparse a quienes se creían solitarios, unirse a los que piensan igual, informarse a los que no estaban al tanto de otras corrientes, animarse a muchos y abrir los ojos a todos. Habrá noticias globalizadas, reacciones instantáneas, opinión pública universal, «sentido de los fieles» en la mejor acepción que la palabra nunca ha tenido. Si las autoridades centrales de la Iglesia católica saben mostrar interés, animar, apoyar, reconocer, aceptar, integrar, combinar toda la riqueza que aporten estas nuevas corrientes de diverso matiz y múltiple orientación, entonces sí que florecerá la Iglesia del siglo XXI en una nueva primavera, y crecerá y fructificará en el XXII y el XXIII y todos los que le sigan, para constituir la verdadera y gloriosa Iglesia del Tercer Milenio.

Repito el texto de Pablo: «La cabeza no puede decir a los pies: "No os necesito"». Los que somos hermanos menores, cristianos humildes, soñadores impenitentes, peregrinos errantes, viñadores de última hora, exploradores de fronteras, soldados de a pie lejos de todo lo que pueda ser influencia directa, peso institucional, voz oficial o representación masiva, también contamos a la hora de formar Iglesia. «La cabeza no puede decir a los pies: "No os necesito". Para que no haya división alguna en el Cuerpo, sino que todos los miembros se preocupen lo mismo los unos de los otros» (1 Cor 12,21.25). No nos olvidéis.

De un extremo a otro

Un amigo judío me pidió un día asistir a una Misa que yo celebrara. Escogimos el día de Pentecostés, en que yo presidía la Eucaristía con un grupo de fieles fervientes que realzaron la celebración con sus cantos, sus oraciones y sus lecturas, no menos que con su recogimiento, su silencio y sus gestos. Fue una santa Eucaristía. Entre los asistentes se contaba también una muchacha polaca que me dijo había sido una de las Eucaristías más bellas de su vida. Le contesté que, viniendo el cumplido de Polonia, tendría que tomármelo muy en serio. Mi amigo judío siguió todo el rito atenta y respetuosamente desde el primer banco, y me comunicó sus reacciones al reunirse conmigo cuando todos se hubieron marchado. Había sido para él una experiencia profundamente religiosa. Había reconocido ecos hebreos en la plegarias cristianas, como el «Bendito seas, Señor, Dios del universo, por este pan..., por este vino...» que son parte de la bendición de la mesa judía, y el «Santo, Santo, Santo» que escuchó Isaías de los serafines *(Kadosh, Kadosh, Kadosh)* y que reverbera tanto en la tradición judía como en la cristiana. Había entendido las lecturas y seguido las oraciones. Pero había algo que no se explicaba. Me dijo: «Conociéndote como yo te conozco, no me explico cómo has podido decir esas oraciones al principio de la celebración. Aquello de "Antes de celebrar los sagrados misterios reconozcamos nuestros pecados", "he pecado mucho de pensamiento, palabra, obra y omisión por mi culpa, por mi culpa, por mi gran culpa", "Señor, ten piedad; Cristo, ten piedad; Señor, ten piedad"... Yo sé que tú evitas crearle complejos de culpabilidad a la gente, que hablas siempre del amor incondicional que Dios nos tiene, con citas y ejemplos y parábolas de la Biblia, y que eres muy delicado al tratar de faltas o errores que podamos cometer, y no llamas pecador a nadie. Y ahora te veo de repente convertido en pecador arrepentido, llamando pecador a todo el mundo y hablando de pecado y de culpa por arriba y por abajo. ¿Qué sentido tiene todo eso?»

Fui tan sincero con él como quiero serlo aquí. Yo había rezado las oraciones porque son parte del ritual que debo seguir y sigo debidamente. Pero no me encuentro cómodo con ellas. No me parece que la manera justa de comenzar una fiesta sea dándonos golpes de pecho en autoacusación pública por lo que hayamos hecho o dejado de hacer. Es verdad que fallamos, y yo el primero, en muchas cosas, pero es más debilidad que maldad, y en todo caso la Iglesia tiene todo otro sacramento para tratar esos aspectos más oscuros de nuestra vida. La insistencia repetida, diaria, obligatoria, pública, de la acusación personal antes del banquete general, se me hace excesiva y algo fuera de lugar, y siento que no encaja en el espíritu de la celebración. Nos acercamos al altar con alegría, reflejada musicalmente en nuestros cánticos de entrada, nos miramos cara a cara con un saludo abierto y sonriente, comenzamos nuestro encuentro con la ilusión de algo que nos va a animar en nuestro camino, nos va a iluminar en nuestras perplejidades, nos va a alegrar el día..., y nos frena de repente la consideración fría, triste, descolocada de nuestros pecados. Nos cuesta volver a remontar el vuelo hacia lecturas y salmos y el gozo de la Presencia. Así lo había notado mi amigo judío. Y así lo siento yo, en honradez de confesión y docilidad a ser corregido, cada vez que celebro la Fiesta del Altar.

Una de las cosas que creo yo van a cambiar decididamente en la Iglesia del próximo siglo —porque ya está cambiando en la de éste— es el concepto de pecado y la conciencia de culpabilidad. Lo digo con claridad desde el principio. Creo que en tiempos recientemente pasados la Iglesia y sus representantes hemos exagerado el tema del pecado personal y hemos abusado del complejo de culpabilidad. Con la mejor voluntad del mundo, desde luego, pero con resultados dañosos para psicologías y conciencias. Hablo en primera persona porque yo mismo, en mis primeros y no tan primeros años de sacerdote, usé y abusé de términos como «culpa», «pecado» —propios de «Primera Semana», en terminología ignaciana de Ejercicios—, «novísimos» y, pura y sencillamente, «miedo» —por más que debidamente lo llamase «temor de Dios». Yo me especializaba en hacer sentir a todos mis «ejercitantes» el peso de sus pecados en los primeros días de los Ejercicios (aunque mis ejercitantes eran siempre religiosos y sacerdotes de vida ejemplar desde su juventud, a quienes se les hacía difícil encontrar faltas serias en sus vidas, y habían de esforzarse para buscar alguna materia culpable en sus conciencias de que poder arrepentirse), para así llevarlos a una profunda confesión general de toda la vida, y de allí al encuentro con Jesús misericordioso en las meditaciones subsiguientes. No importaba su inocencia personal para hacerles sentirse pecadores. Les contaba, entre otros, el ejemplo de san Francisco de Borja, quien, a pesar de su eximia limpieza de conciencia como Duque de Gandía y como General de la Compañía de Jesús, al llegar a estas meditaciones ejemplares se avergonzaba de sí mismo y tenía miedo de que al salir a la calle la gente le fuera a perseguir y a reprochar señalándole con la mano y gritando: «¡Al del infierno, al del infierno!» Citaba pasajes que conozco bien, pero que no me apetece citar aquí ahora por cariño y respeto a santos a quienes tanto debo, pero que entonces usaba yo con plena convicción y firmeza. Y todo aquello resultaba. Mis esfuerzos daban fruto. Había lágrimas y arrepentimiento y perdones y propósitos y el contraste redentor del salir de aquel calabozo de miseria a la luz de la persona de Jesús en la «Segunda Semana» de los Ejercicios. Se conseguían resultados visibles. Pero se hacían daños ocultos. Lo vi poco a poco, y en consecuencia cambié.

Dos cosas me ayudaron a cambiar, a comenzar a ver las cosas poco a poco de distinta manera. Una, el estudio del concepto de pecado en otras religiones. Otra, la vuelta, tras muchos años de Oriente, a España y Europa, con las escenas evidentes que se presentaron ante mi experiencia. Costumbres y prácticas habían cambiado en mi ausencia, y el cambio de mentalidad se evidenciaba en cambio de actitudes. Se hablaba con naturalidad de lo que antes se callaba con reparo, se aceptaba con prontitud lo que antes se dudaba con temor, se adoptaban posturas que a mí mismo me desconcertaban al verlas. Jóvenes que habían pasado la noche en actividades que mis manuales de teología moral no dudarían en llamar «pecaminosas» en mayor o menor grado, se acercaban el día siguiente a recibir la comunión sin siquiera ocurrírseles pasar por el confesionario. Allí había algo nuevo. No me precipité a sacar conclusiones, pero seguí observando. Al observar a gente ya no tan joven, sino mayor en años y formación religiosa en cursos, conferencias, talleres de fin de semana con diálogo y apertura, y trato general de almas y conciencias, me encontré con que, si la discusión era suficientemente extendida y participada, siempre salía sin falta el tema de la culpabilidad y las heridas profundas que en muchos había dejado. Me contaban casos atroces, que yo creía habían dejado ya de producirse en entornos sacramentales, y relataban aún hoy, con acompañamiento de gestos y angustia y dolorido tono de voz, las historias de encuentros desafortunados con los que deberían haber sido entornos de misericordia, que se habían convertido en experiencias profundamente dolorosas, con heridas permanentes que aún no se habían cerrado en sus almas. Cuento uno de los casos menos traumáticos, incluso encantador en su inocencia, si no fuera trágico en sus consecuencias.

Una niña se preparaba —en historia de juventud contada en la madurez— para la Primera Comunión que iba a recibir junto con sus compañeras y compañeros de clase. La gran fiesta del colegio. En su casa, aquel día se preparaban desde la mañana todos los detalles. A ella la había vestido ya su mamá con el traje blanco, soñado de tantos días y probado con tanta ilusión para la ocasión única. Luego su mamá se fue a arreglar ella misma para acompañar a su hija en la fiesta. La niña, alegre y engalanada, no podía contener su impaciencia y pasaba de un cuarto a otro en la casa. En esto entró en la cocina y vio la enorme tarta que su mamá había preparado para la fiesta en casa después de la ceremonia en la Iglesia. La tarta estaba recubierta de rizos de nata que eran la especialidad de la mamá en hacerlos... y de su hija en probarlos; y con gesto espontáneo, travieso, alegre, repetido mil veces al acompañar a su madre en sus momentos de repostería, la niña metió el dedo índice levemente en la blanca dulzura, se lo llevó a la boca y se le abrieron los ojos y se le alegró toda la cara con el sabor instantáneo de la nata en los labios.

En el mismo instante quedó paralizada de horror. ¡Ya no podía comulgar! Sabía bien el catecismo, sabía que no se podía tomar ni agua en aquellos tiempos, y que si por descuido se tomaba, ya no se podía comulgar, y ni el mismo párroco ni el mismísimo obispo podían dispensar la torpeza y permitir la comunión. No podía comulgar, y eso era definitivo. Pero ¿qué haría mamá? ¿Cómo explicárselo? ¿Cómo evitar el disgusto que se iba a llevar? ¿Qué iban a pensar las demás niñas, sus mamás, las profesoras del colegio? No podía ser. Sabía que no podía comulgar, pero peor era dejar de comulgar. Y comulgó. Comulgó la pobre «con Satanás en el corazón», como decían brutalmente los manuales de entonces. Comulgó sabiendo que cometía el mayor de los pecados. Sufrió disimulando durante todos los festejos y las enhorabuenas del día. Y luego vino lo peor. Llegó el momento de ir a confesarse días después en la confesión ritual del colegio. Ensayó mil veces en su mente cómo decirle al sacerdote el horrendo pecado. Pero cuando llegó el momento no tuvo fuerzas para decirlo. Y se lo calló. Confesión sacrílega. Y así toda la vida. Años y años de sufrimiento oculto, de agonía callada, de desesperación creciente. Se sabía condenada para toda la eternidad. Por fin un ambiente más abierto, un sacerdote compasivo, un grupo de apoyo en el que cada persona tenía algo semejante que contar... lograron que aquella mujer se liberara del peso insoportable que la había mantenido hundida tantos años. Una vida atormentada por un falso concepto de la culpa.

Lo tremendo para mí es que, cuando cuento un caso semejante en grupos abiertos de buenos cristianos, se levanta en seguida el comentario de que tales casos son comunes, y muchos pueden contar otros semejantes. Y lo hacen. A una muchacha le enseñaron las monjas que cada vez que cometía un «pecado», que podía ser desde una mentira inofensiva hasta una palabra subida, le clavaba una espina al Corazón de Cristo; y aún hoy se estremece de dolor al recordarlo. Una vez me visitó en mi habitación de la casa de ejercicios espirituales una mujer a quien yo encontraba de año en año en cursillos de espiritualidad, me echó los brazos al cuello y me gritó alborozada: «¡Carlos, felicítame! Estoy de enhorabuena». «¿Qué te pasa que estás tan contenta?», pregunté cuando me recobré del asalto. «¡Que me ha llegado la menopausia!», contestó con el mismo entusiasmo. Yo traté de explicar con torpeza de palabras que entendía que la menopausia era más bien cuestión de trastornos y preocupaciones que incluso requerían a veces tratamiento; pero ella me interrumpió gozosa: «¿No ves que ya no tengo que confesarme cada vez para ir a comulgar?» Claro. La píldora. La pesadilla. Pecado mortal, según las autoridades, aunque «puede usted ir a comulgar sin confesarse», según muchos confesores. Pero siempre la duda, el remordimiento, la angustia. Y la menopausia la había liberado de las torturas de tantos años. Sí, era como para celebrarlo.

Una muchacha de muy buena familia católica en la India emigró después de su graduación a los Estados Unidos, donde se casó y prosiguió estudios con vistas a altos empleos a los que su inteligencia y su aplicación le daban derecho a aspirar. Inesperadamente se encontró embarazada. Tener un hijo en aquella situación era acabar con sus ambiciosos planes de futuro, ya que no era compatible con sus estudios, y, tras difícil consulta con su marido, abortó. El aborto es para mí, por evidentes razones religiosas y humanas, una grave ofensa contra la vida y la humanidad que no tiene justificación en ningún caso. No es extraño que, a pesar de haber pensado mucho su decisión, la muchacha se sintiese culpable después de su acción. Tan culpable se sintió que, para reparar su ofensa a Dios, volvió a quedar embarazada pronto, decidida a tener y cuidar a su hijo, lo que trataría de hacer compatible esta vez con la prosecución de sus estudios, aunque ello le supusiera un doble esfuerzo. Le esperaba una sorpresa. Tuvo gemelos. Y a mí me esperaba también una triste sorpresa cuando, al contarme ella misma con sencillez desgarradora toda la historia, añadió el comentario que hizo cuando se enteró de que iba a ser madre de dos niños en vez de uno: «¡Tonta de mí! ¿Cómo iba a quedarse Dios sin su venganza?» Con dos hijos ya no podía seguir sus estudios.

En este caso, la ofensa (el aborto) es real, y nos recuerda que sigue existiendo el mal en el mundo, y seguimos haciéndonos daño con mayor o menor conciencia. Pero he citado el episodio por el comentario de la muchacha y el concepto de Dios que encierra. Un Dios vengativo, cruel, que no perdona, que espera callado para castigar brutalmente a su víctima indefensa. Ése no es nuestro Dios, ése no es el Buen Pastor, el Padre del Hijo Pródigo, el Señor Crucificado que pide perdón por todos los que no sabemos lo que hacemos. Aunque, por desgracia, sí es y ha sido el Dios de muchos de nuestros sermones y tratados, de amenazas y condenas, de miedo y terror, de rechazo y castigo. Aquella buena muchacha había cometido una ofensa objetivamente grave, pero no por eso había de hundirse toda la vida. Su frase me duele todavía: «¿Cómo iba a quedarse Dios sin su venganza?»

Cuando yo tenía doce años, un sacerdote me negó la comunión porque me acerqué a recibirla con pantalones cortos. Cortos de aquella época, es decir, hasta la rodilla. Es verdad que yo era alto para mi edad, pero era un niño en rostro y en años. Aquel sacerdote debía de tener problemas. Mayor dificultad nos causó el que en la piscina municipal (esto era en Huesca), a la que hasta entonces habíamos acudido sólo chicos, se presentó un día una chica. Tenía pleno derecho, pues la piscina era pública, y la chica venía cubierta con un traje de baño que era casi un traje de novia con adornos y volantes y modestia decimonónica. Pero nos entró miedo a los chicos. Miedo al pecado. Salimos todos inmediatamente del agua para evitar tentaciones por vía hidráulica, y ella se hizo varias piscinas en solitario ante las no-miradas de los muchachos, salió del agua y desapareció. Nosotros ya no nos atrevimos a meternos en el agua «contaminada» y nos vestimos también. Al volver a casa, pensativos y preocupados por la experiencia, mi hermano me preguntó cabizbajo por el camino: «¿Tú crees que habremos pecado?» Hoy me río a carcajadas del incidente timorato, pero también me hago una reflexión más seria: es significativo que a mis setenta y dos años me acuerde de aquel inocente incidente a los doce. El «pecado» siempre deja huella.

Como ejemplo cómico de la servidumbre trágica a que sometía a la juventud la obsesión cultivada por padres espirituales y confesores del pecado en su forma omnipresente del sexo en años tiernamente vulnerables a la culpa, está el muchacho del que cuenta Henri Gougaud en biografía fiel (*Las siete plumas del águila,* 1997) que, ante el miedo de ir cada noche al infierno, después del «crimen punible» de la masturbación inveterada, se lavaba el sexo tres veces con agua bendita que había robado de la iglesia..., con el problema de que el pecado del robo sacrílego le pesaba aún más en la conciencia que el acto sexual, pero no veía otro remedio. Se nos hace ridículo, pero a tales extremos llevó a muchos en aquellos tiempos la cultura extrema del pecado y la culpa. El célebre *anchorman* (presentador de noticias) en la CBS y árbitro de credibilidad informativa en los Estados Unidos durante veinte años, Walter Cronkite, dice de sí mismo típicamente en su autobiografía: «Llevo a cuestas tal complejo de culpabilidad, aun de cosas que nunca he cometido, que el mero hecho de que se me acerque un agente para venderme un billete para el baile de la policía, me paraliza de miedo» (p. 53).

En el muro exterior de la catedral de Santiago de Chile que da a la calle en su fachada, observé un pequeño nicho con una imagen de Jesús coronado de espinas, con el cetro de escarnio en la mano y los atributos y el gesto dolorido de su sagrada Pasión. Debajo están escritos con letras grandes los versos que anoté para recordarlos:

>«Tú que pasas, mírame.
>Cuenta, si puedes, mis llagas.
>¡Ay, hijo, qué mal me pagas
>la sangre que derramé!»

Claro que los peatones apresurados de camino al trabajo o de vuelta de él no prestaban atención al reclamo apologético. Es verdad que Jesús sufrió esos tormentos por nosotros, y hacemos bien en recordarlos, agradecérselos y sacar de ellos fuerza para enfrentarnos nosotros mismos a los sufrimientos que nos trae la vida. Pero no me parece del todo oportuno ese intento bien intencionado y mal dirigido a cargar nuestras conciencias en medio del trajín de la vida diaria. Es un esfuerzo más para que el complejo de pecado no nos abandone ni un momento. Es recuerdo de otra edad, que bien podría ser reemplazado en la presente.

Al leer la novela «Edad prohibida», de mi compañero de colegio Torcuato Luca de Tena, me he encontrado con una frase que me ha recordado esos mismos tiempos. Un muchacho en la novela que entra por vez primera en un burdel, ve a una de las mujeres que trabajan en él en un momento poco romántico, y al sentir repulsión hacia ella en vez de atractivo, se dice a sí mismo: «No me apetece pecar con esa mujer». La palabra que usa —y se usaba entonces para todo sexo extramatrimonial— era «pecar». No se decía «acostarse con» o «tener sexo», o «tener relaciones íntimas», sino «pecar». «Aquí no se puede pecar». «¿Tú has pecado ya?» «Es divertido el pecar»... Eso era en esencia el sexo, y así lo reflejaba el vocabulario. Pecar. Nuestro director espiritual nos instruía que una fantasía erótica consentida por más de un segundo bastaba para enviarnos al infierno por toda la eternidad. Otro director más generoso ampliaba el plazo a treinta segundos... cuidadosamente cronometrados. Si llegaba a treinta y uno, había que confesarse. Nuestro profesor de teología moral en el seminario de Pune nos instruía cómo, si nos despertábamos espontáneamente en la noche durante un derrame natural (o «polución nocturna», como se llamaba antes de que la polución pasara a ser pecado ecológico), teníamos que rechazar expresamente y «no consentir» en el placer experimentado para librarnos de pecado. Yo, que tenía ya un diablillo dentro, le pregunté: «¿Y no cree usted que sería más acertado darle gracias a Dios, que nos despierta tan oportunamente para que podamos disfrutar con inocencia del placer prohibido y así satisfacer nuestra curiosidad y nuestro instinto, y nos libra de buscar a otras horas un goce culpable?» No. Había que desentenderse del placer. Como si eso fuera posible. Lo único que concedió el buen profesor fue que «no era estrictamente obligatorio levantarse de la cama para frenar el placer cuando éste se producía naturalmente». Todo esto sonaba mucho mejor en latín.

También suena ya a muy antiguo. Suena casi a chiste, a memoria olvidada, a otra edad cultural. Y lo es. El joven y la joven de hoy no entienden siquiera «de qué va» todo esto. No tienen «escrúpulos» de conciencia, que era palabra favorita en otros tiempos y aparcada en éstos. Yo pregunté a unos novicios jesuitas aquí en la India si conocían la palabra «escrúpulos», y me dijeron que a algo les sonaba, pero que no sabían qué era. (En Chile me dicen que «Escrúpulos» es ahora el nombre de un juego de moda.) Les conté a los novicios el incidente de aquel compañero mío de noviciado que un día, durante el examen de conciencia de mediodía en la capilla, exclamó con un suspiro contrito que todos oímos: «¡Señor! ¿Cómo he podido llegar a esto? ¡Catorce pecados mortales en una mañana! ¡Ten piedad de mí!» Y esto es precisamente lo que he ido queriendo decir todo este rato. Las cosas han cambiado. Y han cambiado mucho en pocos años. El sentido de pecado, de culpa, de arrepentimiento, de penitencia que imperó en otros tiempos, se va debilitando, se va perdiendo, se va olvidando. En edades lejanas y recientes, ese sentido de pecado se había exagerado casi sin límites, se había generalizado, extendido y aplicado a casi cada acción de casi cada persona, abusando de textos de la Escritura como «en pecado me concibió mi madre», «siete veces al día cae el justo», «moriréis en vuestros pecados»... Todos esos textos y otros muchos son justos en su contexto, pero no en su aplicación irresponsable por parte nuestra a casos concretos de personas actuales. Eso fue lo que hicimos y hacíamos con buena voluntad, sin duda, pero con poco acierto. Y ahora el péndulo se está yendo al otro extremo. Nada es pecado. Todos los Papas que he conocido, desde Pío XI en mi juventud hasta Juan Pablo II en la actualidad, han denunciado con alarma justificada como base y síntoma, como causa y efecto de la caída moral de nuestro tiempo, la «pérdida del sentido de pecado».

Todos los extremos son malos. Antes todo era pecado. Ahora nada lo es. Mi esperanza es que el caer en la cuenta del extremo que protagonizó nuestra generación al decir que todo era pecado, nos ayude a suavizar los extremos evidentes a que se dirige la próxima, que piensa que nada lo es.

El cinturón aborigen

Mi amigo judío y yo filosofamos juntos sobre este tema del pecado. Descubrimos que teníamos mucho en común en nuestras respectivas tradiciones, y que las raíces del complejo de culpabilidad que padecemos eran esencialmente hebreas. La idea es sencilla, y probablemente verdadera. El pueblo judío formaba una nación teocrática. Eso quiere decir que su Rey era Dios. En nombre de Yahvé lo gobernaban patriarcas, jueces y profetas, y, aun cuando la «dura cerviz» de los israelitas pidió un rey, éste fue elegido por Dios y regido por su Espíritu, con el recuerdo constante de que Yahvé en persona era quien regía siempre a su pueblo. Cada salmo lo proclama en liturgia cantada en el templo y vivida en la vida:

«¿Quién es ese Rey de la Gloria?
El Señor, héroe valeroso;
el Señor, héroe de la guerra.
¿Quién es ese Rey de la Gloria?
El Señor, Dios de los Ejércitos:
él es el Rey de la Gloria»
(Salmo 23, 8.10)

Como Rey de Israel, Dios es también su legislador. «Yahvé es nuestro juez, Yahvé nuestro legislador, Yahvé nuestro rey» (Is 33,22). Yahvé legisló desde el monte Sinaí por manos de Moisés, y toda la legislación detallada del Éxodo y el Levítico llega al pueblo escogido directamente desde Yahvé a través de Moisés. La ley que rige la conducta de los israelitas como personas y como pueblo no es ley humana, sino divina, emanada directamente de Dios, su Rey. Este hecho fundamental tiene también una consecuencia fundamental. La transgresión de esa ley no es ya sólo un delito personal o social que hayan de juzgar y castigar autoridades humanas; es una ofensa a Dios, que es quien ha dado esa ley. Y al ser una «ofensa a Dios», toda «falta humana» engendra en quien la comete sentimientos de culpa, de vergüenza y de temor. Éste es el origen del sentimiento de culpa que nosotros, en la tradición judeocristiana, damos por supuesto, pero que no es general en otras religiones del mundo.

La idea del «pecado» como «ofensa a Dios» la llevamos arraigada en nuestra conciencia. Ella sirve para hacernos conscientes de nuestra responsabilidad ante cualquier acción, para respaldar a las autoridades como representantes de Dios y para hacer de la conducta humana un acto religioso, ya que toda obediencia —o desobediencia— a las leyes se dirige directamente a Dios. La acción más sencilla de nuestra vida queda realzada como cumplimiento sagrado de la voluntad de Dios —o condenada como rechazo culpable de sus decretos. No es a Moisés a quien sigue el pueblo de Israel, sino a Yahvé, que es quien habla en Moisés. Ésa es su grandeza, y ésa es su responsabilidad.

Esta concepción, tan familiar para nosotros dentro del marco judeo-cristiano, no es general en la historia de las religiones. Sin afán alguno de controversia, pero sí con íntima curiosidad por ver cómo entienden su conciencia otras gentes y qué podemos nosotros aprender de ellas, me interesa asomarme a otras culturas para ver cómo entienden y viven las nociones fundamentales de culpa y transgresión que son inevitables en la experiencia humana. Esta ampliación de nuestra conciencia a horizontes ecuménicos de otras religiones y culturas es precisamente también signo de los tiempos y profecía de nuevo milenio. Seguimos abriendo miradas para mejorar vistas.

Religiones como el budismo y el jainismo, que no reconocen la existencia de un Dios creador, «premiador de buenos y castigador de malos», centran exclusivamente la responsabilidad y consecuencia de nuestras acciones en la ley del *karma:* todo cuanto hacemos se inscribe inexorablemente en la naturaleza personal y universal que rige los destinos del cosmos, y constituye nuestro *karma,* que va determinando nuestra suerte en la vida según su calidad en bondad o maldad. No hay ninguna referencia a Dios, que no aparece en sus horizontes; y así, una acción contraria a nuestro deber *(dharma)* es una «transgresión de la ley», pero no una «ofensa a Dios». La diferencia es importante.

Aun en religiones profundamente teístas, como el hinduismo, la noción del pecado se acerca más a la de una infracción de la ley que a la de ofensa a Dios. Es verdad que en sánscrito y en las lenguas modernas indias tenemos la palabra *pap,* que cualquier diccionario traduce por «pecado». Pero la traducción es totalmente superficial y no tiene nada que ver con el verdadero sentido de la palabra. De hecho, causa más confusión que entendimiento, porque al usar la misma palabra creemos que estamos hablando de la misma cosa, cuando en realidad son dos conceptos enteramente distintos. Yo bromeo con mis excelentes compañeros de vida parroquial en la India diciéndoles que los «pecados» que absuelven en el confesonario no tienen nada que ver con los «pecados» que los penitentes confiesan. Para el penitente de tradición hindú —conservada visceralmente aun a lo largo de toda la catequesis cristiana— el pecado es la mera infracción de una ley; mientras que para el confesor canónico es una ofensa a Dios. Y vuelvo a decir que hay una gran diferencia —teológica y psicológica— entre ambas cosas.

Un profesor de filosofía, hindú y brahmán, en la universidad de Vidyánagar en la que yo estudié la lengua guyaratí, me expuso con claridad la diferencia. Me dijo a lo largo de una sincera y profunda discusión: «Pecado como limitación de la criatura finita ante Dios infinito, sí; pecado como impureza legal en la observancia de un rito, sí; pecado como transgresión de una ley que el transgresor debe reparar con castigo o penitencia, sí. Pero pecado como ofensa de Dios, que convierte al hombre en pecador intrínseco, enemigo de Dios, merecedor de condenación como persona y reo del infierno por toda la eternidad, no». Voy a examinar esas tres ideas en las que se resume el concepto oriental de «pecado», y lo hago sin intención de controversia, sino con ánimo, repito, de entender otras posturas para interpretar mejor la nuestra.

Primera idea. Pecado como limitación de la criatura. Somos limitados y, en consecuencia, nuestras acciones no alcanzan la perfección, se quedan cortas, son defectuosas; pero eso no es señal de maldad moral, sino de limitación ontológica. Mi ordenador tiene la obligación, según la publicidad, de corregir con una línea roja ondulada cada palabra equivocada que yo escriba en esta pantalla. Lo hace con rigurosidad ejemplar. Y le estoy agradecido por ello. Pero a veces se equivoca. Es decir, «peca». Me corrige palabras que no debía haber corregido, o deja de corregir las que debía haber corregido. Hace dos párrafos, me ha corregido aquí la palabra «confesonario» (y ha vuelto a caer en la trampa y lo acaba de hacer otra vez), siendo así que tan legítima es la ortografía de «confesonario» como la de «confesionario» (que mi computadora ha aceptado), y ambas son oficiales. Pero mi computadora no lo sabe. Es limitada. Ella recorre con velocidad sorprendente todas las palabras que tiene en sus entrañas, y si la mía no se encuentra entre ellas, tira de rojo y me la chafa. Yo creo que disfruta haciéndolo. Pero yo tengo en mis entrañas más palabras que ella en las suyas, Por eso ella se equivoca... sin culpa suya. Ésa es precisamente la palabra griega para decir «pecado»: *amartía*. Quiere decir «errar el blanco». Un error lo tiene cualquiera. Somos limitados. Un amigo mío indio de religión hinduista, casado felizmente con una encantadora mujer católica en las Islas Canarias, reza con devoción el padrenuestro, y sólo le hace un pequeño cambio, que yo entendí perfectamente cuando me lo contó. En ver de decir «perdónanos nuestras ofensas», dice «perdónanos nuestros errores». Sigue su tradición.

Segunda idea. Pecado como impureza legal. De eso está lleno el Antiguo Testamento. El libro del Levítico recoge en detalle toda la legislación mosaica sobre ritos, ceremonias, observancias y prohibiciones que crearon leyes cuya transgresión era castigada severamente por Yahvé. Ejemplo conocido son las extensas listas de animales «puros» e «impuros» y, en consecuencia, aptos para el consumo humano o no. Tras una larga enumeración de especies y géneros, concluye así el legislador:

«Ésta es la ley acerca de los animales, de las aves y de todos los seres vivientes que se mueven en el agua, y de todos los que andan arrastrándose sobre la tierra; para que hagáis distinción entre lo impuro y lo puro, entre el animal que puede comerse y el que no puede comerse» (Lev 11,46-47).

Estas leyes, con todas sus consecuencias morales y sociales, fueron abolidas con la venida de Jesús y la supresión de la Ley Mosaica, como nos garantizó repetidamente san Pablo:

«Mirad que nadie os esclavice mediante la vana falacia de una filosofía fundada en tradiciones humanas, según los elementos del mundo y no según Cristo. Por tanto, que nadie os critique por cuestiones de comida o bebida, o a propósito de fiestas, de novilunios o sábados. Todo esto es sombra de lo venidero; pero la realidad es el cuerpo de Cristo» (Col 2,8.16-17).

Tercera idea. Pecado como transgresión de una ley. Éste es el concepto más importante y determinante. Se trata de una infracción legal que se castiga con un correctivo impuesto por la sociedad, pero que no juzga la intención de la persona que la comete y no condena su carácter. Pongo un ejemplo que creo afecta a todos. Supongamos que yo aparco mi coche en un lugar en que está prohibido aparcar. Lo sé, pero considero que tengo una necesidad imperativa, y lo hago. Quiero suponer —para mayor claridad en el ejemplo— que no le voy a causar molestias a nadie. Va a ser sólo un momento, vuelvo enseguida, no ha pasado nada. No me siento «culpable». Eso sí, si la policía acierta a pasar en ese momento y me pone una multa, la pago y quedo castigado como infractor de la ley; pero —y ésta es la gran diferencia— ello no me constituye en enemigo personal del rey don Juan Carlos —cuya vida guarde Dios muchos años. De hecho, creo que, si yo fuera amigo del rey y se lo contara, él se reiría de buena gana con el incidente.

Ése es el concepto hinduista. El «pecado» es meramente la «transgresión de una ley», pero no una «ofensa a Dios». Hay que pagar la multa correspondiente, pero eso no me hace a mí «pecador», «malo», «condenado», «enemigo de Dios —o del rey de España. Las consecuencias psicológicas de esta diferencia son inmensas. El transgresor —y transgresores somos todos— ya no se siente «malo», «indigno», «vil», «rechazado», sino meramente víctima pasajera de una debilidad general. Es más, como sólo se trata de «pagar una multa», puede hacerse después... o antes de la infracción. Esto puede resultar muy práctico. Me explico. A ver si logro también mezclar las filosofías con las sonrisas. Entre mis amigos hinduistas se considera de mal agüero comenzar un trabajo en miércoles. Digamos, una «ley» ritual. Pero el estado es laico, y el curso universitario comienza el 18 de junio, sea lunes, martes o...

miércoles. Aquí viene el problema. Este año el curso comienza en miércoles. Si el nuevo alumno viene a clase ese primer día, comienza con mal pie, porque es miércoles y le traerá —según él— desgracia; y si no viene, comienza con peor pie, porque automáticamente pierde su plaza en nuestra prestigiosa universidad, que con tanto esfuerzo ha logrado, y queda fuera. ¿Qué hacer? Yo les tomo el pelo cariñosamente a mis alumnos ante la disyuntiva; pero ellos tienen respuesta para todo. No quieren perderse el puesto. Vienen el miércoles. Pero han solucionado de antemano el problema. Antes de salir de su pueblo, el lunes o el martes, han ofrecido en el templo el sacrificio expiatorio por la falta que iban a cometer. ¿Qué más da si la multa se paga antes o después?

En la India existe la creencia general de que al bañarse en el río Ganges se perdonan todos los pecados. Lo que no todos saben es que existe también un lago sagrado, el Mansarovar, cuyas aguas tienen una virtud aún mayor: a quien se baña en ellas se le perdonan no sólo todos los pecados que haya cometido, sino todos los que haya de cometer en toda su vida. El lago se encuentra en el Tíbet, pero la peregrinación merece la pena. Es algo así —por exponer el contraste— como si un joven católico viniera a confesarse un sábado por la tarde y dijera: «Padre, voy a pasar esta noche con un grupo de chicos y chicas, y, bueno..., ya sabe usted, nos tomaremos ciertas libertades en lo que bebemos, decimos y... hacemos; y yo le pido ahora que me dé la absolución de antemano por todo lo que yo vaya a hacer, para poder disfrutar de ello con buena conciencia». Nuestra sonrisa al leer esto subraya la diferencia de enfoques. La sonrisa se mantiene con la siguiente anécdota que transcribo de «Selecciones del Reader's Digest» y que ya no parece tan extraña, aunque vuelve al concepto de la ofensa como mero objeto de multa sin culpabilidad personal:

«Un amigo nuestro, oficial de la policía, detuvo a una mujer por conducir con exceso de velocidad. La mujer le explicó que a su esposo le molestaba mucho que la cena no estuviera servida cuando regresaba de su trabajo y, como ya se le había hecho tarde, iba corriendo al supermercado. "¿Podría usted hacerme un favor?", añadió. "Póngame otra multa ya por el viaje de vuelta, porque en cuanto haya comprado la carne que necesito, voy a regresar a casa a toda velocidad. Así ahorramos tiempo"».

Mi mejor amigo cuando yo estudiaba la lengua guyaratí en la universidad de Vidyánagar, a poco de llegar a la India, era un muchacho de nombre Amín, al que llamaron «Amín el Blanco» por ser amigo mío. Yo, en aquellos mis fervores preconciliares, cuando manteníamos estrictamente el principio «Fuera de la Iglesia no hay salvación», intenté enseñarle a hacer un acto de contrición, que era entonces el único medio de salvación para quien hubiera pecado —como todos pecamos— y no podía recurrir a los sacramentos por estar fuera de la Iglesia. Él me escuchó con atención, y al final manifestó educadamente su desacuerdo con mis conceptos y mi terminología. Me dijo: «Yo no me considero pecador, Carlos, como tú dices que yo soy. Yo no he hecho mal a nadie a sabiendas, y en ninguna manera creo haber ofendido a Dios. Tengo mis defectos, sí, y mis debilidades, pero no soy malo. No veo por qué tengo que pedir perdón de corazón a Dios como tú me dices, y que sin eso no me admitirá Dios en el cielo. No tiene sentido». En eso quedaron mis primeros esfuerzos catequísticos. Cuando más adelante, ya ordenado sacerdote, me dispuse a escuchar confesiones en parroquias de aborígenes que se habían bautizado ya de adultos, encontré la misma resistencia cultural a admitir el concepto y la terminología de «pecado», «pecador» y «ofensa de Dios». Todos mis estudiados esfuerzos y todos mis recursos pastorales se estrellaban ante aquellas gentes sencillas y directas que no acababan de verse a sí mismas como pecadoras y no podían creer que habían ofendido a Dios. Más adelante todavía, al comentar estas experiencias con mis hermanos sacerdotes del Nuevo Continente, en una de mis primeras conversaciones, un párroco en el Cono Sur levantó los dos brazos al cielo y exclamó con voz hermana: «¡Los mapuches! Vete a oír sus confesiones, y te encontrarás exactamente con lo mismo. No pecan. No son pecadores. No hay manera de sacarles un pecado en la confesión. Se ve que son hermanos de los tuyos».

Sí que lo son. Como vi también que lo habían sido en su tiempo los cristianos de la primeras Reducciones del Paraguay. Los heroicos misioneros que las fundaron dejaron testimonio en largas narraciones del fervor de aquellos nuevos cristianos en sus manifestaciones de fe, su vida, su conducta, su sociabilidad, su temperamento artístico, su participación en el culto sagrado y su recepción de los sacramentos. Menos uno: la confesión. Ahí no acababan de ponerse los buenos aborígenes a la altura de las expectativas de sus confesores españoles, flamencos o alemanes sobre la calidad y cantidad de sus pecados. «¡Pecados mortales no cometen!», escribe el padre Antonius Sepp, jesuita teutón fundador de la Reducción de San Miguel, con una exclamación que es un reproche, casi lamentando desalentado el no poder oír confesiones que merecieran la pena. El historiador Swiburne llegó a decir, con exageración manifiesta pero con una sombra al menos de verdad que hace pensar: «El pecado de los españoles fue el llevar el pecado a gentes que no conocían el pecado». No es que todos los habitantes de Hispanoamérica fueran «querubines y serafines», como escribió Chesterton en su respuesta a Swiburne, pero sí que el concepto cristiano del pecado, como creo queda aclarado aquí, era extraño a las gentes del Nuevo Mundo —como lo era y lo es a pueblos y mentalidades fuera del entorno judeocristiano.

Son las tres «religiones del Libro», el Judaísmo, el Cristianismo y el Islam, las que comparten el concepto de pecado como ofensa a Dios en contraposición a la mera infracción de una ley, concepción ésta última que convertiría toda ley en una *lex mere poenalis,* en terminología jurídica. En contraste, todas las demás religiones, desde el Tao y el Confucianismo en China, pasando por el Hinduismo de la India, los Animismos de África, y llegando a todo el espinazo americano de la Tierra del Fuego hasta Alaska, en lo que yo llamo «el cinturón aborigen mundial», han tenido más bien el concepto de los fallos humanos como errores estructurales que se reparan con una acción reparatriz sin sentido de culpabilidad.

Para mí, el pecado como «mera transgresión de una ley» es un extremo, y el pecado como una «ofensa personal a Dios» es otro. La verdad anda por ahí en medio. A todos nos interesa acercarnos más a ella.

La madre judía

«Las Idishe Mames son un pueblo aparte» es el título de un libro genial de humor judío publicado por la editorial Shalom en Buenos Aires en 1993. En él presentan sus autores, Eliahu Toker y Patricia Finzi, con profundidad filosófica y fidelidad histórica, el carácter tradicional de la madre judía, que es quien forma conciencias y crea hábitos de conducta y mentalidad en la familia y, a través de la familia, en la sociedad entera. El libro entero, en su humor genial y su valiente autocrítica, es un canto a la madre judía como generadora de culpa en sus hijos e hijas («la madre culpógena»), que a través del sentimiento de culpabilidad los maneja y manipula luego para que hagan por ella lo que ella antes hizo por ellos. Está dedicado «A la Madre Judía, responsable de la vitalidad, el humor y la culpa que traemos en nuestras venas». Doy algunas citas de ese libro tan instructivo como divertido, ya que muestra con humor el cauce práctico y doméstico por el que el sentido de culpabilidad fundamentalmente hebraico se ha ido transmitiendo, de generación en generación a través de largas edades, a los pueblos que heredamos su historia, perpetuando para siempre el complejo de culpa que sigue afligiendo a gran parte de la humanidad.

El primer dibujo es el de la cigüeña volando con el bulto del bebé en el pico... mientras la madre de la criatura vuela por detrás con un paraguas abierto sobre la cigüeña (p. 1). La protección materna ha comenzado. Cuando, ya nacido, el niño es llevado al pediatra, éste informa a la madre: «Demasiado tarde, señora mía; ya hubiera debido llevarlo al psicoanalista» (p. 94) Y más adelante, cuando el hijo ya mayor llega inevitablemente al diván del psicoanalista, lleva consigo a su madre y explica al doctor: «Traje a mi mamá por si se me olvida alguna cosa» (p. 24).

La madre se sacrifica por el hijo o la hija, llevada ella misma por su propio sentimiento de culpa, que a su vez heredó de su propia madre; y luego les recuerda incesantemente a sus hijos los sacrificios que por ellos hizo, para que se sientan culpables y hagan ahora, en reparación, lo que ella les dice. Así se garantiza la continuidad en la cadena de culpa. En una serie de expresivos dibujos va explicando la madre el secreto de su incesante actividad en el hogar. «La culpa me hace levantarme; la culpa me hace enviar a los chicos a la escuela y a mi marido al trabajo; la culpa me hace cuidar mi casa; la culpa me hace ser amable con mi esposo, y admirar a todo el mundo. Al sentimiento de culpa le debo toda mi felicidad» (pp. 108-115).

Un pequeño poema, de incierta vena poética pero de innegable descriptividad en la materia:

«Una madre judía vive con mil manías,
para ella tu panza está siempre vacía.
Una madre judía sufre toda la vida,
te deriva la culpa y se queda tranquila.

Una madre judía puede ser distraída,
pero de sus problemas ni un minuto se olvida;
una madre judía anda siempre angustiada,
no se queja de nada, solamente suspira» (p. 63).

Una consideración teórica para explicar la necesidad y utilidad del sentimiento de culpa:

«La transformación de una persona puede lograrse por dos métodos: la culpa o el miedo. La culpa es un sentimiento más refinado que el miedo, en el que el temor al castigo ha sido de tal manera incorporado y procesado que se ha transformado, de miedo a recibir daño, en miedo a causarlo. El miedo a sentirse culpable... es el primer paso hacia la ética» (p. 44).

Para ayudar en esa educación se proponen una serie de ejercicios prácticos que inculcan la culpabilidad. Por ejemplo, «Regálele a su hijo dos camisas sport. En la primera oportunidad en que él use una de ellas, mírelo con expresión dolorida y dígale en su 'Tono Básico de Voz': "¿Es que la otra no te gustó?" Consiga prestado un grabador y practique las siguientes frases claves, hasta que pueda pronunciarlas con una perfección capaz de arrancar lágrimas: "Está bien, ve y diviértete. No te preocupes por mí. No me importa quedarme sola en casa". Levántese temprano para prepararle un gran desayuno; no le diga que se desmayó de cansancio, pero asegúrese de que se entere» (p. 124).

Una triste caricatura muestra a una madre con lágrimas en los dos ojos, frente al teléfono que no suena y una taza de café humeante, que se dice a sí misma en plena autocompasión: «Otra noche sin que mi hija se sienta culpable ni siquiera por no sentirse culpable de no llamarme por teléfono» (p. 122).

Y no puede faltar el agradecimiento explícito a la primera madre judía y madre de todo el género humano que inició el proceso de culpabilidad hereditaria: «Lo verdaderamente judío de Eva fue su curiosidad, esa que nos legó la sabiduría del bien y del mal, legándonos, por consiguiente, la culpa» (p. 151).

El libro acaba con un suspiro de alivio: «Este libro se acabó de imprimir, ¡uf!, 48 horas antes del Día de la Madre. Pase y diviértase... si su mamá le deja».

Todas nuestras madres son madres judías. Todas se han sacrificado por nosotros en los muchos primeros años de nuestra existencia, y todas hacen valer esos sacrificios para recabar nuestra atención y servicios en los años subsiguientes de nuestra independencia. No hay en ello malicia ni rencor, sino simplemente la lección de vida aprendida primero y usada después por cada generación para la continuidad de las tradiciones de la tribu. Todos hemos sido víctimas y actores en el drama permanente de la formación —o deformación— de nuestras conciencias bajo el peso de la culpa, y hemos utilizado sus estratagemas para manipular a otros y conseguir que hagan lo que nosotros queremos, haciendo que conciban miedo a incurrir en culpa una vez más. Mi santa y buena madre, cuando cumplió los noventa años, me escribió a la India que ya no esperaba vivir mucho tiempo, que sentía su fin próximo, y que deseaba la acompañase yo en los últimos días de su vida. Yo tenía dos trabajos importantes por aquel tiempo en la India, pero consideré deber mío el dejarlos, me «descolgué» de mis compromisos —cosa que no me gusta hacer nunca— con vergüenza mía y molestias para los demás, y acudí a la cita. Lejos de mí el culparla a ella de conspiración consciente, pero el hecho es que estaba perfectamente de salud y ánimo. De hecho, vivió hasta los 101 años felizmente. Pero sucumbió al deseo senescente de compañía en casa, y me llamó. Y yo acudí. Lo digo sin acusación ni resentimiento alguno, pero ella me manipuló. Y yo me dejé manipular. Limpia y claramente. No lo vi entonces, pero lo veo ahora. Un día por la noche, una tía mía, hermana de mi madre, había venido a hacerle compañía, y yo me senté al principio con ellas en su habitación. Al cabo de un rato, yo les dije que me retiraba a trabajar a mi habitación, contigua allí mismo, y que volvería luego; pero mi madre me dijo que no me fuera, que me quedara a su lado. Yo le contesté cortésmente que ya estaba bien acompañada, y me retiré suavemente. Al salir yo de su habitación, aún oí que mi madre le decía a su hermana con acento de queja refiriéndose a mí: «Este chico ya no me hace ni caso». Yo tenía entonces sesenta años. ¡Para que me hablen a mí de madres judías!

Y sé que no estoy solo. Todos somos vulnerables a la tierna herida del sentimiento familiar. Más vale ceder, someterse, dar gusto, complacer a los demás, que quedarse con ese resabio amargo de haber hecho sufrir a quienes más queremos. El peligro es que, una vez que hemos sufrido el proceso en nuestra carne, aprendemos instintivamente a usarlo contra los demás. Ya he dicho que yo lo he usado, sobre todo en mis primeros años de sacerdote. Por el bien de todos, desde luego, según yo creía y decía, pero quizá también para daño de muchos, ya que la manipulación de conciencias a través del complejo de culpabilidad no puede dejar de causar estragos. El peligro es que es muy fácil usar arma tan destructiva, y podemos ceder fácilmente a la tentación de usarla aun sin caer nosotros en la cuenta de que la estamos usando. Si nadie tuviera complejo de culpabilidad, perderíamos sin duda parte de nuestra grey como pastores de almas; y así, por interés propio, disfrazado de servicio ajeno, continuamos en abusos perjudiciales. Un gran cristiano, y católico maronita, Khalil Gibrán, delicadamente sensibilizado en su vida y en su fe ante abusos de conciencia y ante manipulaciones por miedo, nos dejó una profunda parábola que cito en versión de Osho Rajneesh:

«En una ciudad, una gran ciudad, había un perro que era un predicador, un apóstol, un misionero, y les predicaba a los otros perros para su bien: "No ladréis. Ladrar es de mala educación; al ladrar perdemos el noventa por ciento de nuestras energías tontamente, y además les molestamos a los humanos. Por eso no hemos avanzado en la vida. Se acabó. Que no vuelva a ladrar nadie".

Pero es difícil que los perros dejen de ladrar. Es un hábito instintivo. De hecho, sólo están contentos cuando ladran. "¡Guau, guau, guau!" Les sirve de catarsis. Sin embargo, escuchaban al perro misionero que predicaba un reino de paz donde nadie ladraría ni reñiría, y todos los perros serían profundamente religiosos. Pero seguían ladrando. "¡Guau, guau, guau!" Lo escuchaban, y luego se le acercaban y le decían: "Tiene usted toda la razón. Usted es una gran personalidad, un perro excelso y extraordinario, y todo lo que dice es verdad. Pero nosotros somos pobres perros, somos frágiles, somos débiles y no podemos dejar de ladrar. Nos sentimos culpables y pecadores, nos da mucha vergüenza lo que hacemos, pero no podemos remediarlo". Y seguían ladrando. "¡Guau, guau, guau!"

Un día se reunieron todos los perros en ausencia del perro misionero y discutieron la situación, porque se sentían muy apenados por sus pecados. Alguien propuso un remedio, entre ladrido y ladrido, al menos para mostrar buena voluntad ante la incapacidad general de dejar de ladrar. Dijo: "El perro misionero es muy bueno y quiere nuestro bien. Pero nosotros no somos capaces de hacer lo que nos dice. Por lo menos vamos a darle gusto un día. Si no podemos dejar de ladrar todos los días, al menos vamos a hacerlo un día al año para mostrar que apreciamos lo que nos dice y para aliviar nuestras conciencias. Además, vamos a escoger el día del cumpleaños del perro misionero. Ese día ninguno de nosotros ladrará ni una sola vez. Será duro, pero aguantaremos veinticuatro horas. Y no le vamos a decir nada, para que sea sorpresa. Con eso quedará contento nuestro buen perro misionero". Todos estuvieron de acuerdo y ladraron de contento. "¡Guau, guau, guau!"

Así se hizo. Llegó el cumpleaños, y ni un ladrido. El perro misionero no cabía en sí de gozo. "¡Al fin fructificaron mis labores! Los perros escucharon mi mensaje y reformaron sus vidas. Ninguno ladra. Comenzó una nueva era para nuestra raza". Esperó ansioso durante el día, pero ni un ladrido. Temió lo que pasaría en la noche, cuando los ladridos son inevitables, pero ni uno. Su misión había triunfado.

Pero entonces comenzó a preocuparse. "Si todos los perros dejan de ladrar..., ¿qué hago yo ahora? Lo único que yo sabía era predicar que no ladrasen. Si ya no ladran, se acabó mi misión. Me quedo sin trabajo. ¡Ay de mí! ¿Qué será de mí?" Y comenzó a recorrer las calles entre preocupado y esperanzado, pero... nada. Los pobres perros se morían de ganas de ladrar, pero se aguantaban pensando que ya quedaban pocas horas para desquitarse.

El perro misionero se adentró en una calle oscura. Nada. Se metió en un callejón sin salida. Nada. Entonces miró alrededor. Se aseguró de que nadie lo veía... y con toda idea ladró él mismo con todas sus fuerzas. "¡Guau, guau, guau!" Otro perro lo oyó, sin saber quién era el que había ladrado, y pensó, "Bueno, si uno ladra, también puedo ladrar yo". Y ladró. "¡Guau!" Y otro lo oyó y ladró. "¡Guau!" Y otro y otro por todas partes en toda la ciudad. Se rompió la veda y se despertó la noche. "¡Guau, guau, guau!"

Y el perro misionero respiró contento. Ya tenía trabajo. Esperó al amanecer, salió de su escondrijo y volvió a predicar» (Osho, *Yoga, the Alpha and the Omega,* Vol. II, p. 208).

La parábola es inquietante. El humor de la narración suaviza el contenido del mensaje. La sonrisa que su lectura trae a los labios alivia la congoja que sentimos en el corazón. Evitando siempre exageraciones, manteniéndonos lejos de condenación alguna, sin reproches a nada ni a nadie, sin crearnos otra vez complejo de culpa cuando precisamente queremos curarlo, en paz con la historia y con nosotros mismos en ella, sí haremos bien en tomar la determinación firme y decidida de nunca manipular a nadie con el miedo y la culpa con el pretexto de evitar que se nos vaya de nuestro círculo de influencia; e igualmente de no dejarnos manipular. ¿No será, una vez más, el miedo a perder «clientes» el que nos habrá hecho recalcar la noción de pecado? ¿Y no será el miedo a la inseguridad el que nos ha predispuesto a dejarnos manipular para encontrar en la sumisión a estructuras oficiales la seguridad que nuestra debilidad anhela? La manipulación, activa o pasiva, con buena intención o sin ella, de quien sea por quien sea, hace siempre daño, y más aún cuando usa como instrumento el sentido de culpabilidad.

Albert Ellis, el fundador de la «Terapia Emotiva Racional» (RET), método considerado como el más practicado hoy en día en psicoterapia junto a la terapia centrada en el cliente, de Carl Rogers, y el psicoanálisis de Freud, hace un estudio detallado de los efectos psicológicos del complejo de culpabilidad propiciado por la noción de pecado según se presenta de ordinario en la sociedad occidental; y concluye: «El concepto de pecado es la causa directa e indirecta de prácticamente todas las perturbaciones mentales. Cuanto más pecadora o culpable se sienta una persona, menos posibilidades tendrá de ser feliz, saludable, e incluso observadora de la ley. La principal función del terapeuta, y la más importante, es conseguir ayudar al paciente para que no le quede ningún vestigio de culpa» (*Razón y emoción en psicoterapia,* pp. 132, 123, 122).

El diagnóstico es exagerado, pero una vez más nos puede ayudar a abrir los ojos y corregir errores. Veo que he llenado tres capítulos con el tema de la culpabilidad, pero se lo merece. Me interesa más que todos los avances informáticos del mundo, aunque también he tratado de ellos. Se impone, dada la insistente actualidad de la materia, ante la persistente incidencia del antiguo complejo de culpa que sigue a caballo sobre muchas conciencias atormentadas, mientras por otra parte surge la incipiente apertura en la generación joven frente a la antigua, y descubrimos también los enfoques y prácticas de otros pueblos que pueden iluminar y completar los nuestros. El equilibrio en la noción de pecado entre el dañoso complejo de culpabilidad por un lado y la peligrosa indiferencia irresponsable por otro, ha de ser uno de los logros fundamentales del pueblo creyente en el siglo que viene.

Tener buen oído

Hay dos instituciones que van a ir cambiando a lo largo de tiempos cercanos: el matrimonio y la vida religiosa, que por otra parte están muy emparentadas entre sí. Paul Claudel ya en su tiempo nos exhortaba a los religiosos a realzar con nuestra observancia y nuestra alegría la práctica de la vida religiosa, porque de ahí dependía —en su justa apreciación— la alegría y fidelidad de la familia cristiana. Lo que hoy sucede en el claustro, sucede mañana en el hogar —y en la otra dirección también. Juntos estamos en el gozo y la responsabilidad de nuestras juntas y diversas vocaciones. Compartimos ilusión, fidelidad, pruebas y gratitud a lo largo de toda la vida en compañía de seres cercanos. Nos influenciamos y ayudamos conjuntamente, y también conjuntamente nos disponemos a entrar en las nuevas avenidas del siglo que comienza. Haremos bien en pensar de antemano lo que nos espera, y a ello nos ayudará el caer en la cuenta de lo que ya está sucediendo. Los cambios no suceden de repente, se van perfilando ya en mentalidad, incidentes, comentarios; y lo inteligente y elegante es ir leyendo ya en los signos de los tiempos la dirección que van tomando los caminos, para anticipar las novedades en vez de dejarnos arrastrar por ellas.

Tomo primero la Vida Religiosa, no porque sea más importante o más digna —que todos somos igual de importantes y dignos—, sino porque es más fácil de tratar. Y es más fácil de tratar porque se presta a pensar abiertamente sobre ella con opciones nuevas del compromiso de siempre, con creatividad, imaginación y apertura que ayuden a apreciar lo que tenemos mientras exploramos con libertad y alegría lo que podemos tener. Necesitamos toda nuestra ilusión y toda nuestra fe para combinar el aprecio y cariño por lo que nosotros tenemos y vivimos, con la generosidad y valentía de ver cómo otros quieren vivir los mismos ideales en contextos nuevos.

Dos cosas saltan a la vista en cuanto abrimos de verdad el tema de la vida religiosa hoy: el gran aprecio que los que en ella estamos tenemos por ella, y la triste constatación de que cada vez son menos lo que quieren unirse a nosotros. El número de vocaciones a la Vida Religiosa, hablando universalmente, ha disminuido y sigue disminuyendo de manera alarmante. Ése es signo inequívoco de que algo no anda bien, y signo profético de que algo tenemos que examinar. Es verdad que hay razones sociológicas que explican —ya que no justifican— este descenso general en el número de vocaciones. La familia numerosa de otros días ha cedido el puesto a la familia nuclear de hoy, y no es que los hijos o hijas «sobraran» nunca para enviarlos al claustro, pero sí que en la abundancia de vástagos resultaba más fácil y hasta natural que algunos de ellos se encaminaran hacia la vida de votos religiosos, mientras la responsabilidad de cuidar de los padres, mantener una presencia en la sociedad o asegurar la continuidad del apellido quedaba ampliamente repartida por otras vías. También ha influido el ambiente de secularismo que se respira, la disminución del prestigio que curas y monjas teníamos en otros tiempo y ya no tenemos tanto, las facilidades del consumismo, y la resistencia interna que los jóvenes de hoy experimentan ante una opción permanente e inmutable de por vida. Las cosas cambian ahora tan rápidamente que un compromiso a largo alcance no atrae fácilmente a quienes viven el vértigo de la velocidad moderna de la vida y no saben si, en un mañana que por un lado se les viene encima y por el otro queda retrasado cada vez más por las crecientes esperanzas de vida, se alegrarán o lamentarán la decisión que toman hoy. No es fácil tomar una decisión inmutable hoy para que los lleve hasta finales del siglo que justamente comienza. Conozco a un muchacho de muy buena familia cristiana, de carácter servicial, trato agradable y conducta ejemplar, de quien dice siempre su abuela: «Si este muchacho hubiera vivido en otros tiempos, seguro que se habría metido cura. Pero ahora...» Van cambiando las cosas.

Todo eso es verdad. Pero si la vocación religiosa es, según su nombre indica, una llamada de Dios, y si la necesidad de que haya hombres y mujeres en esa vocación no es hoy menor, sino probablemente mayor que en otros tiempos, no acaba de explicarse la carencia. He oído a gentes de mi generación decir que Dios sí que sigue llamando, pero que los jóvenes de ahora no son tan generosos como nosotros lo éramos en nuestra juventud, y por eso no acuden. Eso no es verdad. Los jóvenes y las jóvenes de ahora son tan generosos o más de lo que pudiéramos haber sido nosotros en nuestro tiempo de jóvenes, y lo demuestran en su entrega a trabajos difíciles de ayuda a países lejanos y pueblos desconocidos con climas inhóspitos y lenguas extrañas, en peregrinaciones decididas de espiritualidad caminante, en solidaridad personal y social con todo aquel que es víctima de la injusticia, en reuniones internacionales de convivencia y evangelio, en servicialidad dispuesta y conciencia alerta para participar, comunicar, protestar cuando hace falta y ayudar donde se pueda, y siempre en crear opinión pública en causas nobles y en defensa de quienes más lo necesitan. La juventud de hoy no cede en generosidad ante ninguna de las juventudes de otros tiempos. Lo que sucede es que no acertamos a encauzar esa generosidad. Por ahí hay que buscar las raíces ocultas del problema.

Cito un breve artículo mío publicado en la revista «Vida Nueva», que me trajo reacciones de gran interés de diversos países de habla hispana, comenzando por una carta a la dirección de la revista en la que alguien pedía que me alargase en la materia. Aquí lo hago, después de reproducir el artículo.

«Un obispo norteamericano explicaba con gracia las causas que, según él, eran responsables de la alarmante baja del número de vocaciones a la vida religiosa en su país. Él enumeraba tres: los pañales desechables, el microondas y la aspirina. Tras la primera sorpresa, pasaba a explicar las razones.

Los pañales desechables son el símbolo de la práctica de usar y tirar que caracteriza nuestra actitud actual en la sociedad de consumo. Nada dura, nada es estable, nada es para siempre. Usar y tirar. Allí no encaja la vida religiosa.

El microondas encarna el efecto de acción instantánea con resultado visible e inmediato que demandan los jóvenes de hoy. Tampoco eso deja lugar a la larga espera, formación y madurez de una vocación religiosa.

La aspirina propicia la falta de tolerancia del dolor. El analgésico rápido, el remedio inmediato, la huida de todo lo que sea dolor y sufrimiento. Y sin paciencia, tolerancia y sacrificio no puede haber vida religiosa.

Eso decía el buen obispo, y cuando yo les cuento la ocurrencia episcopal a religiosos y religiosas, todos se ríen y dicen que es verdad, y se lo cuentan a otros con sano humor contagioso. Algunos incluso se ponen a pensar en serio qué hacer para volver a conseguir vocaciones en un ambiente tan adverso, y ponen como solución el volver a crear de alguna manera los ambientes antiguos para que de ellos puedan surgir otra vez vocaciones.

Pero, por ahora, a nadie he visto todavía sacar la conclusión que yo saco del simpático diagnóstico episcopal.

Y es ésta: Ya que los pañales desechables, el microondas y la aspirina forman parte de nuestra vida y no se van a marchar, ¿no nos valdría más inventar un género de vida religiosa que sea compatible con los pañales desechables, el microondas y la aspirina?»

En Montevideo me esperaba la simpática sorpresa de un grupo de seminaristas que, al final de una charla mía sobre la vida religiosa, me mostraron una fotocopia de este artículo mío (¡bendita prensa que a todo el mundo llega!), y me dijeron que estaban muy de acuerdo con todo lo que allí se decía, y que querrían estudiar conmigo las consecuencias de esa realidad que todos vivimos y pocos declaramos. Éstas son las ideas que surgieron.

Hablando en términos comerciales, la oferta de la Vida Religiosa no ha cambiado sustancialmente en nuestro tiempo, mientras que la demanda sí ha cambiado. Con lo cual el mercado se resiente. Han cambiado en la oferta de Vida Religiosa algunos aspectos externos, como hábitos y sotanas, mayor movilidad y más naturalidad, gestos y lenguaje. Pero el esquema fundamental de votos a perpetuidad y vida en comunidad se mantiene intacto. La oferta es fundamentalmente la misma. Seguimos cambiando pañales. Y no hay nada malo en ello, con tal de que, al lado de la práctica milenaria, creemos también otros espacios en que la misma higiene doméstica pueda practicarse de otra manera, y así haya sitio para todos. Que el tipo de oferta tenga en cuenta el tipo de demanda. Porque la demanda de Vida Religiosa, es decir, la manera como se desea hoy vivir una vida consagrada al servicio de Dios y del prójimo, sí que ha cambiado ya notablemente y sigue cambiando intensiva y progresivamente.

La creación de Institutos Seculares a mediados de siglo fue un gran paso que cambió la terminología exclusiva y casi arrogante del hasta entonces llamado «Estado de Perfección» de los religiosos, abriendo a «seglares» la puerta de la igualdad y santidad antes reservada en la práctica a los profesionales del claustro. Fue un gran comienzo. Desde entonces, las cosas han ido rápidas, y ha llegado el momento de seguir adelante en la misma dirección. Han surgido maneras nuevas de vivir el compromiso eterno. La necesidad creciente de sectores de la sociedad y países enteros por un lado, y la comunicación rápida y la generosidad dispuesta de nuestros jóvenes por otra, han hecho brotar medios distintos y programas múltiples de ayuda nacional e internacional en todos los terrenos de la vida humana, desde la medicina y la educación hasta la ecología y la cultura. Son el Voluntariado, las ONGs, los grupos más o menos numerosos y más o menos organizados de hombres y mujeres jóvenes que ponen su talento, su tiempo, su profesión y su vida al servicio de quienes más lo necesitan, y en el tiempo y lugar en que lo necesitan. Semejante florecimiento de organizaciones de ayuda es uno de los fenómenos más esperanzadores de nuestra trabajada edad.

No es que el Voluntariado en todas sus formas sea un paragón de virtudes. No lo es. Puede ser, y es a veces, huida de frustraciones personales, blanqueado de escrúpulos sociales, retraso de decisiones de vida, recurso de inmadurez afectiva, paternalismo disfrazado, colonialismo cultural, incluso trama venal de ganancia económica o presión política —que de todo hay. (La Cruz Roja Internacional reconoció, en su «Informe de catástrofes 1997», que 17.000 millones de pesetas destinados a ayuda humanitaria en Ruanda se perdieron en ONGs fantasmas.) Y, por cierto, ¿no había también y ha habido siempre, en algunos casos, algo de escapismo, inmadurez, paternalismo y complejos ocultos en vocaciones a la vida religiosa? Hasta en eso nos parecemos. Y no nos asustemos de ello. La humanidad es muy paralela en sus caminos. Y por otro lado, si hay imperfecciones iniciales en esas instituciones, razón de más para interesarse en ellas, cooperar con ellas y alcanzar con ellas mejores niveles de formación, dedicación y servicio.

Una muchacha me escribe desde África, donde lleva varios años dedicada al servicio personal y directo de gentes necesitadas en tareas esenciales de la vida. La llevó allí el deseo cristiano y humano de ayudar a los más necesitados, usar su juventud y su talento en servicio de otros, llevar a la práctica el compromiso de vida, del que todos hablamos mucho y hacemos poco, y fundamentalmente la necesidad íntima y urgente de dar sentido a su vida y no desperdiciarla en un entorno de fácil consumismo, superficialidad y ligereza. La aspiración noble y responsable de una persona joven ante el reto radical de la vida. Me dice que admira a las misioneras que hacen una labor espléndida en esas tierras, pero que una cosa tiene clara, y es que ella no quiere ser monja. Y otra cosa también tiene clara, y es que lo que está haciendo le está dando una satisfacción profunda y un sentido a su vida. Lo que no tiene claro es hasta cuándo seguir. Al final de cada año se vuelve a plantear su postura. Su familia le urge a que vuelva. Y ella entiende —y en el fondo comparte— la preocupación de su familia. Cada año que pasa se siente más identificada con la gente con quien vive, y cada año que pasa se hace más urgente la pregunta: ¿y en el futuro qué hago? Por un lado, dice: «Yo sigo cuestionándome mucho cómo vivir mi compromiso cristiano». Y por el otro, confiesa con sinceridad que la honra y me emociona: «Yo ahora estoy asustada».

Ése es el punto neurálgico. La continuidad. La religiosa y el religioso que han hecho votos perpetuos en su congregación, tienen —tenemos— el futuro asegurado. Es la cara y cruz del compromiso de por vida. Lo damos todo y para siempre, y en retorno lo recibimos todo y a lo largo de toda la vida en cuidado, protección y seguridad. Nos gusta recordar las palabras de Jesús sobre el recibir el ciento por uno de todo lo que dejamos en esta vida, y luego la vida eterna. Y son literalmente verdad. Pero ésa no es la única manera de vivir el compromiso del Reino. La perpetuidad de la entrega sí, ha de estar siempre allí; pero la manera de llevar a cabo esa entrega puede variar según varía la vida. Y aquí está la bella aventura de estos nuevos jóvenes evangélicos. Su compromiso es genuino, válido y duradero, pero no tiene por qué asumir para siempre el mismo modo de llevarse a cabo. El problema práctico es cómo conjugar la disponibilidad presente de acomodación total a tiempos y a lugares con la continuidad futura de una vida familiar y profesional más independiente. Y aquí es donde las congregaciones religiosas establecidas pueden jugar un papel decisivo.

No se trata de que una orden religiosa tradicional adopte como a una «orden tercera» a una organización temporal voluntaria. No nos metamos a dirigir o moldear a tales organizaciones, que sería lo más opuesto de lo que para bien de todos hay que hacer. Tales organizaciones tienen precisamente su fuerza en su independencia, su novedad, su idiosincrasia, y todo eso quedaría seriamente amenazado si les impusiéramos directa o indirectamente nuestros hábitos, nuestros criterios, nuestro carácter. Éste es el gran peligro en esta colaboración tan necesaria como delicada. A los religiosos, acostumbrados a nuestro modo de ser y de operar, y considerándonos a nosotros mismos, con razón o sin ella, los cuerpos de élite de la Iglesia, se nos hace difícil colaborar con otras entidades sin entrometernos en ellas o mostrarnos superiores a ellas. Tenemos mucho que aprender. Pero si, respetando las características distintas de otras organizaciones, nos aprestamos a trabajar juntos en hermandad evangélica, podemos unir la experiencia y la amplitud de nuestra organización con la energía y la originalidad de la nueva juventud.

Podemos dar reconocimiento, ofrecer formación, comunicar información, dar apoyo logístico en el trabajo desde nuestras comunidades por todo el mundo, y organizar continuidad de futuro para tales voluntarios en nuestras propias instituciones. Quien ha trabajado de médico o enfermera durante años jóvenes en países necesitados de ayuda, puede ser acogido o acogida más tarde en hospitales regentados por religiosos y religiosas. Y quien ha ayudado en tareas escolares a estudiantes de pocos medios, puede ver aprovechada su experiencia y su profesión en colegios religiosos. Una colaboración práctica y complementaria de ese tipo ayudaría a conservar y aprovechar toda la tradición e instituciones de las órdenes y congregaciones religiosas presentes en la Iglesia tras historias gloriosas, y a incorporar la energía vital que están ya aportando los movimientos jóvenes de servicio cristiano.

No se trata de reemplazar la Vida Religiosa por el Voluntariado. Sí se trata de ofrecer diversas opciones prácticas de vivir el compromiso cristiano en la edad actual, sin preferir una opción a otra en evaluación universal, sino viendo en libertad informada e inclinación personal lo que a cada cual conviene y a cada cual atrae. En cuanto podemos hoy, al filo del siglo, discernir hacia dónde se dirige la práctica renovada del compromiso evangélico perenne para la consagración a Dios y el servicio al prójimo, esta colaboración inteligente, desinteresada, estudiada y practicada a nivel de iguales entre religiosos de votos perpetuos y seglares de compromiso efectivo, es la esperanza prometida de continuidad de misión en la variedad de carismas. Y eso, trátese de grupos organizados o de individuos aislados, siempre que unan el deseo del Evangelio a su colaboración profesional.

Cuando yo estudiaba en un colegio e internado de jesuitas en Tudela (Navarra), todo el amplio cuerpo docente del colegio estaba constituido exclusivamente por jesuitas, a excepción del profesor de música, don Jesús Castellanos, a quien me complazco en recordar por el bien permanente que hizo a mi vida enseñándome a tocar el piano y cultivándome el gusto por la música clásica. Por lo visto, los jesuitas no tenían buen oído y hubieron de recurrir al «brazo seglar» para las clases de música. El año pasado leí en la revista del colegio, que todavía me llega de vez en cuando, que por primera vez en su historia un seglar había sido nombrado nada menos que director del colegio. Antes nos faltaba buen oído a los jesuitas; ahora, encima, nos faltan vocaciones. Y eso también puede ser signo de los tiempos y apertura esperada a nuevas maneras de trabajar juntos en lo que a todos nos interesa y a lo que todos podemos contribuir con la variedad y riqueza de los diversos círculos sociales de donde procedemos. Es la era de los seglares. Bendita sea la historia que vivimos, y bienvenida sea la ocasión que nos lleva de la mano a colaborar entre todos para el trabajo de todos. Mi más cordial enhorabuena al director seglar. Aprender a colaborar con igualdad fraterna entre los que de alguna manera queremos consagrarnos a oración y servicio en campos abiertos de nueva misión, es el futuro prometedor de la tarea evangélica en el siglo que viene.

Humor medieval

Tratar del matrimonio, he dicho, es más delicado, por el grave contraste que se da entre la doctrina que profesamos y la práctica que no podemos menos de observar. Mi postura es mantenerme fiel a la legislación eclesiástica vigente, y tomar nota también de la práctica general existente. Creo que ésa es la manera, a un tiempo respetuosa y responsable, de contribuir al crecimiento genuino de todos en unión hermana.

Saludé hace poco a un conocido a quien no había visto por algún tiempo. En el curso de la espontánea conversación le pregunté, felicitándome a mí mismo interiormente por haberme acordado del gesto educado: «¿Cómo está tu mujer?» Él respondió sin inmutarse: «Estamos en proceso de separación». Ah. No importa. Sigamos con la conversación. Ya es mejor no preguntar. Me permito contar la anécdota del científico distraído (el distraído soy yo, que me he olvidado de su nombre en este momento) que se encontró en una reunión en Dinamarca frente a una señora cuyo rostro le resultaba muy familiar, aunque no acababa de situarla. Para entablar conversación, se aventuró a preguntarle una generalidad: «¿Qué tal está su marido? ¿Cómo le va en su trabajo?» Y ella le contestó alegremente: «Muy bien, muy bien. Sigue siendo el rey de Dinamarca». Hay que situarse cuidadosamente en círculos sociales. Y ya no es tan fácil. Van cambiando las normas de etiqueta.

Carl Rogers ha sido uno de los psicólogos más influyentes de nuestro tiempo. Su gran libro *On Becoming a Person* (Cómo ser persona) tuvo y sigue teniendo una influencia tan profunda como sana en el mundo de la salud mental. Una religiosa, maestra de novicias en su congregación, me dijo que ese libro le había hecho más bien a su alma que todo un mes de ejercicios espirituales ignacianos. No en vano, otro gran psicólogo de talante y enfoque bien distinto, Fritz Perls, le llamaba siempre San Carl Rogers. Su respeto por la persona, su paciencia en la consulta, su capacidad de sentir con el cliente, su transparencia en conocer sus propios sentimientos y su humildad para estar dispuesto a manifestarlos si así convenía en cualquier momento, y sobre todo su traducción práctica de la regla de Jesús, «No juzguéis», a lo que él llamó en nueva terminología *non-judgmental attitude* (actitud de no juzgar) y convirtió en la base de su tratamiento terapéutico, le hacen acreedor a ese título de santidad laica en el ejercicio de su profesión.

Al cabo de varios otros libros, siempre importantes en su ramo, escribió uno con un título paralelo a su obra maestra: *On Becoming Partners* (Cómo ser pareja). Este libro tiene su historia especial. Después de cuarenta años como psicoterapeuta, se interesó en hacer algo directamente por los jóvenes, se le ocurrió que su contribución podía centrarse en el contenido y la práctica de la relación de pareja, ya que mucho de su propio trabajo profesional se centraba en el terreno de las relaciones humanas, y pensó en estudiar la relación de pareja «desde dentro», es decir, con testimonios actuales de jóvenes en distintos aspectos de su vida en pareja. Al decir «jóvenes», especifica que se trataba de personas que llevaban viviendo juntas de tres a quince años (no valían lunas de miel ni procesos de divorcio) y con edades de entre veinte y treinta y seis años, con la única excepción del testimonio de su propio matrimonio, ya que —explica— «quiero incluirlo en el libro, y mi esposa y yo tenemos ambos en la actualidad setenta años». Añade que el tono del libro será de exposición leal, sin juicio ni condena, como era de esperar viniendo de su pluma. Habla de los Estados Unidos en los años setenta, pero sospecha que Europa y el Oriente se van moviendo también por esos derroteros. Éste es el comienzo de su investigación:

> «En mis contactos con gente joven he llegado a ver claramente, fuera de toda duda, que el joven contemporáneo tiende a no fiarse del matrimonio como institución. Ha visto demasiados fallos en él. Con frecuencia lo ha visto fracasar en su propia casa. En realidad, la relación hombre-mujer es significativa y digna de que tratemos de conservarla, sólo cuando es una experiencia de realce y crecimiento para ambos. Hay muy pocas razones para pensar que el matrimonio conduzca al bienestar económico, como lo hacía en tiempos en que este país era una colonia, y marido y mujer constituían un equipo de trabajo muy necesario.
>
> A la joven persona de hoy no le impresiona el hecho de que, según la religión, al matrimonio debería durar «hasta que la muerte nos separe». Más bien, tiende a considerar los votos de permanencia absoluta en el matrimonio como claramente hipócritas.
>
> Hay muchos que ven con alarma este estado de cosas. Para ellos es prueba de que nuestra cultura ha perdido sus valores morales y de que estamos en un período de decadencia. Mientras yo estoy de acuerdo en que sí hay signos de que nuestra cultura está seriamente en crisis y parece estar desintegrándose, tiendo por otra parte a ver la situación en una perspectiva diferente. Estos tiempos son tiempos de agonía para muchos, incluyendo a muchas parejas casadas. Quizá sea que estamos viviendo bajo la maldición de aquel antiguo dicho chino: "Te maldigo a que vivas en una edad interesante". Para mí sí que estamos viviendo en una edad

interesante e incierta, y la institución del matrimonio se encuentra desde luego en situación incierta» (pp. 11-12).

Rogers da después estadísticas de matrimonios, separaciones y divorcios en años y regiones. Los números son lo de menos y pueden variar. Y siempre queda también el sombreado de que, cuando tantas parejas se separan, habrá y hay otras muchas que sin llegar a dar el paso, por razones personales, culturales o sociales, no llevan una vida matrimonial satisfactoria ni para sí ni para quienes dependen en alguna manera de ellos. Existen parejas felices tras muchos años de matrimonio, y el mismo Rogers cuenta que lleva cuarenta y siete años casado, con crisis que describe en plena sinceridad y que, de no haberse resuelto, habrían dado al traste con su matrimonio, pero que en conjunto ha disfrutado y disfruta en él de una felicidad «increíblemente clásica»; aunque también añade responsablemente: «con una gran suerte y con buen trabajo duro para preservar esa suerte». Yo también, en mi trato social y sacerdotal, conozco a tales parejas felices, y su conocimiento me ayuda a apreciar la felicidad «clásica» del matrimonio tradicional; y conozco al mismo tiempo a otras parejas lejos de tal felicidad conyugal, y su contacto me ayuda a ver el otro lado de la situación y a tratar de aliviar el sufrimiento que se ha instalado en medio de hogares donde debería reinar la felicidad.

Después de los casos estudiados a lo largo del libro, Rogers saca sus propias consecuencias, no sin un toque de realismo típicamente norteamericano:

«Si entre el 50 y el 75 por ciento de los coches fabricados por Ford o General Motors se deshicieran por completo durante los primeros años de su vida normal como automóviles, se tomarían medidas drásticas. No tenemos métodos tan bien organizados para tratar nuestras instituciones sociales, y la gente anda a tientas, casi a ciegas, tratando de buscar alternativas al matrimonio, que, decididamente, sale bien en *menos* del cincuenta por ciento de los casos» (p. 11).

Rogers arguye que los dos grandes campos para el desarrollo y crecimiento de cualquier plan humano son la investigación y la experimentación. Estudiar modelos en el mayor detalle posible, y ver luego prudentemente, delicadamente, respetuosamente, cómo resulta el modelo en la vida práctica. Sin esas dos condiciones, no hay avance humano. Y pide comprensión, apertura, delicadeza y respeto para «nuestros exploradores». En vez de condenarlos con terminología medieval, entendámoslos al menos con solicitud fraternal.

Todo esto parece muy avanzado, pero lo curioso es que se escribió hace veintiséis años, y que en todo este tiempo la reflexión y la experimentación que se llevan a cabo más o menos calladamente han seguido su curso y aumentado su ritmo. Esto que a duras penas escribo yo aquí sobre el papel, es materia común ya para muchos y muchas jóvenes y adultos en su vida, que ensayan de buena voluntad maneras de llevar a cabo un compromiso de pareja en condiciones asequibles. Queramos que no, la «investigación» y la «experimentación» se están llevando a cabo con mayor o menor fortuna, y a veces con excesos evidentes que causan daño a quienes los padecen y a quienes los ven. Creo que nos puede ayudar más a todos, en materia tan delicada como importante, el no ignorar tales conductas, sino aceptar que nos damos cuenta de ellas.

Es evidente que los seres humanos no somos coches de fábrica para experimentar nuevos modelos y descartar sin ceremonia los que no den buenos resultados. Claro que no. El reto es metáfora y parábola; pero no por eso deja de ser reto. Rogers dice que él no empezó con esa idea al escribir el libro, pero que se le impuso por sí misma al ir trabajando con casos concretos: «Poco a poco llegué a ver que un enorme experimento de exploración estaba teniendo lugar a todo nuestro alrededor. ¿Qué actitud tomamos hacia él? Por mi parte, puedo decir que mi experiencia con esta gente me ha llevado a un sentimiento cada vez más profundo de confianza en su capacidad para encontrar soluciones amplias y sanadoras a los problemas del vivir juntos, si es que les damos una oportunidad» (p. 220).

Quizá sea un optimismo excesivo. Pero el hecho es que, les demos o no esa oportunidad, se la están tomando. En ese dilema vivimos. Por una parte mantenemos y mantengo la fidelidad a la legislación actual en su doctrina oficial y su práctica sacramental, como he dicho al principio; y por la otra no podemos menos de ver lo que vemos y observar lo que observamos. Y ambas cosas han de ir ayudando a entender mejor y dirigir mejor el futuro de la institución que más importa a la sociedad: la familia.

Algo ayuda ya la suavización de la terminología. En esto se ha avanzado mucho en estos últimos años, y el lenguaje, por más que sea sólo palabras, es importante, ya que las palabras tienden a moldear las ideas, como he dicho en este mismo libro. Cuando una célebre ex-primera dama católica se casó con un divorciado, una publicación de prensa sensacionalista no perdió tiempo en anunciar que, según la terminología canónica, se había constituido en una «pecadora pública». La diplomacia vaticana salió enseguida al paso rechazando la calificación y respetando la conciencia de cada persona con dignidad oportuna. A mí me ocurrió algo más divertido todavía. Una vez, un buen católico maduro vino a consultarme un apuro de conciencia. Estaba arrodillado en el comulgatorio en espera de recibir la sagrada comunión, cuando advirtió que a su lado estaba arrodillada una señora a quien él conocía y de quien sabía que estaba divorciada y vuelta a casar por lo civil, con lo cual estaba oficialmente apartada del sacramento.

En aquel momento le asaltó la punzante duda de si debía él declarar allí mismo la situación al sacerdote que distribuía la comunión, para evitar el sacrilegio. Tardó en decidirse, y aquella señora comulgó antes de que él abriera la boca; pero le quedó la grave duda de conciencia de si habría pecado él por callarse aquella información. Le tranquilicé y le aseguré que había hecho bien en callarse. No pude contenerme, y me reí con él de la situación, y conseguí que se riera conmigo. De hecho, los documentos romanos sobre estas materias han suavizado delicadamente su terminología al hablar de personas y conductas ajenas a la legislación oficial, pero merecedoras siempre del respeto y la dignidad. Yo siempre he mantenido que el lenguaje es importante.

El chiste que voy a contar no es que sea muy gracioso, pero sí tiene un mérito especial, que es el que le ha dado cabida en esta página. Es un chiste de la Edad Media. Lo tomo del grueso volumen *Medieval Comic Tales,* de Derek Brewer, Cambridge 1996 (p. 71), donde aparece con todo lujo de citas, versiones y análisis. Es un cuento inglés de la colección de Oesterley, de los muchos que protagoniza san Pedro a las puertas del cielo en tribunal popular de justicia que refleja las situaciones de la tierra al ver cómo son apreciadas en el cielo. El humor, que abarca todas las situaciones de la vida, llega también a la vida conyugal.

> «Hubo un cierto hombre que murió y llegó a las puertas del cielo y llamó y dijo a san Pedro: "Aquí me veis dispuesto a recoger la recompensa que merezco". "¿Y cuál es ella y cómo la merecéis?", preguntó el guardián de las puertas celestiales. «Mi recompensa es el reino que guardáis", dijo el hombre, "y mi derecho a ella es que he sido hombre casado en mi vida, y las tribulaciones del matrimonio son mérito suficiente para la felicidad del cielo". "Bien decís", asintió san Pedro, y lo admitió en las moradas celestiales.

Llegó después otro hombre, quien dijo: "Yo he estado casado dos veces". Y san Pedro sentenció: "Entonces merecéis doble gloria en el cielo".

Un tercer hombre había oído las sentencias dadas a los dos primeros y pretendió ganar mayor recompensa alegando mayores penalidades. Dijo a san Pedro: "Pues yo, señor, en la tierra estuve casado tres veces". El santo portero del cielo, que también había estado casado en la tierra, se indignó al oír tal confesión y exclamó: "¡Insensato! Dos veces estuvisteis bajo el yugo del matrimonio, ¿y no aprendisteis y aun os sometisteis a él por tercera vez? ¡Al infierno os vais, que es donde os toca estar por vuestra pertinacia!"».

Se ve que la dificultad era de siempre. En ese sentido, puede pensarse que siempre ha sido así y que nada hay de nuevo en nuestros problemas de hoy, por lo que las cosas seguirán como siempre han sido y siempre seguirán siendo. Pero también hay otra consideración que puede cambiar el rumbo de las cosas. Esa consideración es la mayor facilidad, rapidez y extensión con que se propaga hoy la información, la reflexión, la opinión pública. El chiste medieval iría de castillo en castillo, en boca de juglares itinerantes por caminos reposados de bosques y posadas. Hoy la comunicación es instantánea, universal, global. Y las reacciones, los comentarios, las conclusiones también son simultáneas, paralelas, radicales. Acabo de leer la autobiografía de Katharine Graham, Premio Pulitzer de 1998, en la que cuenta con una claridad, sinceridad y publicidad, desde luego desconocidas en la Edad Media y aun en épocas bien recientes hasta la misma víspera de nuestro tiempo, la psicosis, enfermedad, abandono y suicidio de su marido, Phil Graham, director y editor del todopoderoso diario *Washington Post* en la era Kennedy, con todas sus consecuencias familiares y sociales. Hoy tenemos una disposición a la apertura informativa y unos medios para llevarla a cabo que por primera vez se juntan en la historia de la humanidad.

Vuelta a Internet. Todos sabemos todo, y todos nos comunicamos todo. La nueva situación informática sí que puede hacer que lo que no ha cambiado en siglos comience a cambiar ahora. Carl Rogers opina: «Sea lo que sea el matrimonio en la actualidad, es casi seguro que en el futuro será algo diferente» (p. 29).

Generaciones nómadas

Llamé por teléfono a un amigo en Columbus, Ohio, para preguntarle a qué hora le vendría bien que fuera a verlo en su casa. Me contestó que a cualquier hora. Estaba todo el día en casa. Me sorprendió. Sabía que estaba empleado en una empresa de alquiler de inmuebles, aunque no sabía exactamente lo que hacía en ella, y daba por supuesto que pasaría varias horas al día en la oficina. ¿Lo habrían despedido? En los Estados Unidos, donde el «terror del viernes» impera, es decir, donde cualquier empleado en cualquier organización puede oír de su jefe al despedirse el viernes para el fin de semana: «No necesita usted volver el lunes», no era una suposición tan absurda. Pero mis temores eran infundados. Cuando llegué a su casa, estaba en ella feliz y contento. Me explicó: «Sí, continúo con mi trabajo, pero lo hago casi todo en casa. Aquí, en la computadora, tengo al día toda la información que necesito y todos los contactos para pasar esta información a quienes interesa, consultar opiniones y tomar decisiones. Y aquí pueden encontrarme todos los clientes directamente de pantalla a pantalla. Sólo me paso por la oficina un día a la semana para mantener el contacto personal, que aún consideramos importante, y en la segunda quincena del mes visito personalmente a algunos clientes especiales. Todo lo demás lo hago desde aquí».

Ya lo había leído yo en libros, y lo veía ahora en persona. La oficina en casa. Otra vez el ordenador. Sonreí y felicité a mi amigo por la comodidad de su empleo. Aceptó el cumplido, pero lo rebajó un poco: «No te creas. También tiene sus desventajas. Es verdad que no tengo "lugar" de oficina, pero por la misma razón tampoco tengo "horas" de oficina, y cualquier compañero o cualquier cliente puede llamarme a mi casa cualquier día a cualquier hora... ¡y lo hacen! ¿Sabes tú lo que es que un dentista tenga su consulta en su propia casa? Pues algo parecido me pasa a mí. No es muy divertido». También era verdad que se evitaba el molesto tráfico de ida y vuelta mañana y tarde en horas punta de maldición viaria; pero también me confesó que era un poco aburrido eso de quedarse en casa, sin más que pasar de un cuarto a otro por toda diversión. Y menos mal que su mujer seguía yendo diariamente a su trabajo en su oficina, mientras él quedaba en casa, pues —razonaba— si se tuvieran que quedar los dos en casa todo el día, pronto tendrían que solicitar los servicios de un consejero matrimonial. Para reducir las desventajas del trabajo en casa se están creando ya «telecentros» donde se reunirán empleados que trabajan cada cual en su ordenador, conectado cada uno a una empresa distinta, pero podrán al menos tomarse un café juntos y hablar de política y de fútbol —o de modas y de divorcios— entre mensaje y mensaje.

El llevarse la oficina a casa es sólo un preludio del fenómeno que la madurez informática hará realidad más pronto o más tarde en nuestras vidas. Es lo que Jacques Attali, autor de uno de los mejores libros sobre el milenio con ese mismo título (*Milenio,* Seix Barral 1991), ha llamado con certera imaginación «el hombre nómada». A primera vista, parece una contradicción opuesta al «trabajo en casa» que acabo de indicar, pero pronto se ve que es una consecuencia aumentada de lo mismo. A medida que los instrumentos de trabajo, de diversión, de comunicación se hacen más y más portátiles, la persona misma puede desplazarse cómodamente con ellos encima, y se hace esencialmente nómada. Podrá ser «nómada en casa», rodeada de medios personalizados de acceso a terminales de profesión y de ocio, o podrá también ser «nómada en ejercicio», paseando por el mundo entero su propio mundo de caracol precipitado, combinando la protección de su concha con la velocidad de desplazamiento inmediato. Peregrino de sí mismo, el humano de tiempos futuros será víctima de soledad en entorno de multitudes. Tuáreg aislado en tienda de desierto, al tiempo que internauta experto en encrucijadas informáticas. Algunas citas de Attali:

«El reloj-brazalete [mando a distancia de funciones múltiples] será el objeto nómada perfecto, el accesorio esencial. El nómada será identificado por un número. La tarjeta de memoria se convertirá en la prótesis principal del individuo. El hombre, cargado de prótesis, se convierte en prótesis de sí mismo. Nómada nomatizado por instrumentos nómadas.

La alimentación evolucionará también hacia el movimiento. Se convertirá en doblemente nómada. De un lado, bien sea en avión, en tren, en barco o a domicilio, la gente se alimentará moviéndose, a fin de no perder tiempo. Ya no se comerá en los aviones "como en casa", sino en casa como en los aviones, en fuentes preparadas, telefuentes, fuentes nómadas. Y, por otro lado, ya no habrá frutas de temporada ni platos exóticos. El verdadero viajero tendrá dificultad para encontrar, en ciudades estandarizadas, lo que el nómada inmóvil encontrará fácilmente en su supermercado —encargado por teletienda.

Vestido con unos tejanos, calzado con zapatillas de lona, unos auriculares en los oídos, el joven se quiere nómada. Sin lazos ni proyecto familiar duradero, libre en su cabeza, está dispuesto a todo. La libertad, si es libertad el aburrimiento, busca invertirse en todos los viajes, y ante todo en aquel del que no se regresa: el de la droga» (pp. 83,82,27).

Esos jóvenes asumen el privilegio y el riesgo de crear los nuevos ambientes donde se fragüe la sociedad del futuro. Es la «Generación de la Red», nueva no sólo en su conocimiento informático y su facilidad ante el teclado y la pantalla, sino en su actitud, su psicología, sus valores y su cultura emergentes, entre ilusión, escepticismo, ganas de trabajar y dificultad en hacerlo. Juan Luis Cebrián la describe así:

> «Imaginen el impacto de millones de jóvenes con ideas frescas y llenos de energía —armados con las herramientas más poderosas de la historia— incorporándose a la población activa. Esta oleada no ha hecho más que empezar.
>
> La Generación de la Red transformará la naturaleza de la empresa y la forma de crear riqueza, a medida que su cultura se convierta en la cultura del trabajo. La mentalidad de la Generación de la Red es la ideal para la creación de riqueza en la nueva economía. Esta generación es excepcionalmente curiosa, independiente, desafiante, inteligente, motivada, capaz de adaptarse, con gran amor propio, y tiene una orientación global.
>
> También tienen esos jóvenes unas ideas sobre el trabajo diferentes de las de sus padres. Las encanta colaborar, y muchos consideran el concepto de jefe como algo estrafalario. Su primer punto de referencia es la Red. Se ven impulsados a innovar y tienen una idea de la inmediatez que exige resultados rápidos. Les encanta trabajar duro, porque el trabajo, el aprendizaje y el juego son para ellos la misma cosa. Son creativos en aspectos que sus padres no podían ni imaginar. A la Generación de la Red se le ha dicho que encontrar un buen empleo será difícil, así que ha desarrollado una gran fuerza de voluntad. El porcentaje de sus miembros que intentará ser empresario es mayor que el de ninguna otra. Las corporaciones que los contraten deberán prepararse para ver temblar sus paredes» (*La Red,* p. 31).

Todos estamos dispuestos a temblar si es para bien de todos. Sin olvidar a quienes tendrán difícil no sólo el encontrar «un buen empleo», como dice la cita, sino un empleo a secas. El fantasma del desempleo se cierne sobre todos nuestros sueños de futuro. Hace años, cuando la automatización era sólo fantasía del dominio de ciencia ficción, vi una caricatura, que entonces se hacía simpática, en el semanario humorista inglés *Punch,* que tantos ratos agradables me proporcionó cuando aprendía yo el inglés. El dibujo mostraba una enorme máquina que el director de la factoría enseñaba con orgullo a un grupo de visitantes, mientras decía: «Esta máquina hace el trabajo de veinte hombres». Había varios obreros subidos a la máquina en el dibujo en diversas posturas de activarla, y si uno los contaba detenidamente, eran exactamente veinte. En aquellos tiempos aquello era un chiste. Ahora es una amenaza. La máquina, evidente e irremediablemente, está desplazando al empleado. Ahora trabaja sola.

En los primeros libros que yo escribí, el mecanógrafo había de preparar el original para la imprenta, con copias de carbón para seguridad y verificación; el texto lo componía el cajista en la imprenta letra por letra, con las erratas inevitables en el largo y monótono proceso. Corregía las primeras pruebas el corrector de galeradas, y se volvía a imprimir la muestra. Las segundas pruebas las corregía yo mismo, ya que el autor encuentra siempre erratas que se escapan a los demás; y a veces había que recurrir hasta a terceras pruebas. Los largos rollos de pruebas, las manchas de tinta de imprenta, las erratas múltiples que al corregirlas daban lugar a otras erratas, las prisas por llegar a tiempo para no retrasar la edición, el hastío de leer cinco veces el mismo texto escrito por mí hasta aborrecerlo...: todo eso me ha quedado en la memoria como etapa heroica de mis primeros escritos. Por fin se daba el visto bueno, se armaba la gigantesca maquinaria y se procedía a la pringosa impresión, supervisada por otro técnico. Hoy tecleo yo mismo el texto limpiamente en la computadora, lo grabo en el disquete, envío el disquete en un sobre al editor, él lo configura en su propio ordenador, y de allí va directamente a la nueva impresora, que hace su trabajo con nitidez silenciosa y eficaz. Por el camino han quedado los varios empleos indispensables durante generaciones y sencillamente desaparecidos en la nuestra. Y eso es sólo un mínimo ejemplo.

Katharine Graham, en su autobiografía a que me he referido antes, cuenta otro ejemplo, también de imprenta, de su experiencia en el diario *Washington Post:*

«En aquellos días, casi todos los grandes anunciantes nacionales enviaban su publicidad ya compuesta; el periódico recibía una especie de plantilla, un cartón cilíndrico a partir del cual se podía hacer directamente una plancha de plomo. Pero, por desgracia para nosotros, una cláusula que databa de varias décadas atrás, en el contrato del sindicato, decretaba que nuestros tipógrafos volvieran a componer todo el texto, y que éste se verificara, se corrigiera y se volviera a imprimir. El trabajo de descomponer y volver a componer no se hacía en la práctica, y se imprimía directamente del cilindro enviado, con lo cual esas plantillas —sin reproducir— se habían acumulado por miles. Lo llamábamos "reproducción en falso". Pero como, teóricamente, esas plantillas habían de ser compuestas por tipógrafos y estaban allí aún sin imprimir, a cualquier tipógrafo que se presentaba pidiendo trabajo teníamos que admitirlo según las reglas. No podíamos hacer nada para detener el flujo, y teníamos a muchos de ellos que no hacían más que pasear, beber vodka con naranja o jugar a la lotería. La moral en la sala de composición era terrible, y el rendimiento aún peor. Naturalmente, el sindicato se oponía ferozmente a dejarnos establecer un plan para arreglar esta situación, ya que era su garantía de que siempre habría puestos de trabajo para ellos» (p. 414).

Esa situación, con varias otras, llevó a una huelga de catorce meses en que doscientos obreros perdieron sus puestos y uno se suicidó. Triste balance. No se presentan fáciles las perspectivas laborales del siglo que viene. La población aumenta y el trabajo disminuye. Nadie tiene soluciones al problema. Sólo se pueden marcar líneas de pensamiento. Conciencia de la gravedad de la situación, formación intensa y variada, conocimiento de lenguas, habilidad informática, facilidad para el cambio, división del trabajo, redefinición de ocupación y desocupación, imaginación creativa, moderación empresarial, realismo práctico. Cuando el desempleo pase de ser un problema político a ser un problema humano, habremos dado el primer paso efectivo hacia su solución.

Fútbol y barajas

Si el trabajo disminuye, el ocio aumenta. Cada vez tenemos más tiempo, más horas, más días para el descanso. En mi colegio sólo teníamos vacación, aparte de los domingos, los jueves por la tarde, vacación que desaparecía siempre que había otra fiesta entre semana y caía en martes, miércoles o viernes, los días «errados» o con erre, que neutralizaban el exceso de festejos. Y no había huelgas. No lo digo por nostalgia o presunción de ejemplaridad, sino como puro contraste histórico. Eso sí, noto una ventaja de la que me beneficié, y era la continuidad en el esfuerzo intelectual y el ambiente de disciplina y estudio, que se mantenía constante en todo el largo curso sin la interrupción repetida de largos fines de semana, puentes, agitaciones o fiestas. También noto una desventaja, y es que la fuerte dicotomía estudio-recreo engendraba en nuestra mente un sentido de satisfacción al trabajar y de culpa al «no hacer nada» que los de mi generación estamos todavía encontrando difícil de superar. Ahora me asombro cuando en mis paseos de días lectivos encuentro por calles y plazas a grupos de jóvenes escolares en aparente ociosidad, charlando, fumando, bebiendo, esperando, ni entrando ni saliendo, ni en el colegio ni en casa, haciendo no sé qué que yo no sabría hacer, porque me educaron para trabajar o jugar o ir o venir, haciendo siempre algo «útil». Ahora comienzo a tratar de entender que lo más «útil» puede a veces ser el «no tratar de ser productivo», en frase de un amigo mío que —como puede adivinarse— es compulsivamente productivo. Hay que aprender a no servir de nada.

Hace unos días llamé a la puerta de la habitación de un compañero mío de constante ocupación y trabajo en un puesto importante de la administración. Entré. Lo encontré sentado ante el ordenador. Me disculpé: «Te veo muy ocupado, como sé que sueles estar. Mira, no es urgente el asunto que me trae, y sólo te lo digo ahora muy brevemente para que nos veamos más tarde y hablemos sobre ello cuando te venga bien». Él me tranquilizó, hizo que me sentara y se prestó a tratar el asunto en plena extensión. Al sentarme y acomodarme en la silla, yo capté por un momento la imagen de la pantalla del ordenador en el que él estaba trabajando. La pantalla mostraba a todo color varias cartas de la baraja en fila, unas debajo de otras. En mi torpeza congénita, pensé por un instante si sería un código secreto de información clasificada que él estaba descodificando desde su posición oficial. Luego me reí secretamente yo mismo. ¡Era un solitario! El gran hombre en su jornada de trabajo desde su oficina central... ¡se entretenía gozosamente haciendo solitarios con la baraja electrónica! Admiré el mérito que suponía dejar el solitario a medio hacer para atenderme a mí con mi impertinente interrupción, acorté lo más posible el tiempo de mi consulta para que pudiera él volver cuanto antes a su ocupación favorita y resolver satisfactoriamente el urgente problema del solitario inacabado, no le manifesté en modo alguno que había descubierto su clandestina actividad lúdica y guardé fielmente el secreto ante los demás para siempre. Y, sobre todo, me alegré de que un hombre con responsabilidades serias y múltiples sobre su cabeza tuviera la libertad y la capacidad de entretenerse con su ordenador en la oficina. Es la mejor garantía de un buen gobierno.

Otra vez la computadora. El gran instrumento de trabajo, de información, exactitud y eficiencia, se nos convierte de repente en terreno de juego para descanso inocente en medio de la oficina moderna. Otra vez símbolo de valores que cambian y conceptos que se mezclan en nuevas combinaciones con nuevas perspectivas de actividad y de vida. El ordenador es el verdadero «parque jurásico» del entretenimiento futuro, que ya está bien presente para muchos. Desde los juegos de pantalla que mantienen enganchados por horas a jóvenes de cualquier edad, hasta la galería permanente de Internet, con su variedad de recreación de todo tipo y calidad, la computadora es el anfiteatro más popular y visitado desde el Coliseo romano.

Esta fusión de trabajo y ocio en el mismo instrumento apunta también a algo que puede ser fundamental en nuestra manera de entender la vida personal y la responsabilidad social en edades próximas: el borrar la línea de demarcación entre esas nuestras dos actividades fundamentales, el acercar entre sí la «ocupación» y «desocupación» que tanto nos dividen ahora, el reconciliar nuestros momentos de productividad con nuestros espacios de ociosidad, en una integración mejor de toda nuestra existencia, válida en sí misma sin tener que citar nuestros logros para justificarla. La misma palabra «neg-ocio» es, lingüísticamente, la «negación del ocio»; pero ahora que hemos llegado al «negocio del ocio», es decir, al ocio como negocio, que lo es para muchos, podríamos también concebir el negocio como ocio, que también puede serlo en holgura de trabajo y libertad de fines sin tensión ni precipitación dañina. Esta sana actitud nos puede llevar a largo plazo a la reconciliación, en la persona y en la sociedad, de esos dos grandes extremos de la actividad humana, el trabajo y el ocio.

Para un jugador de fútbol, el fútbol es negocio, y buenos beneficios que les reporta a sus profesionales. En cambio, para el espectador aficionado, el asistir a un partido de su equipo favorito desde las gradas del estadio, o el ver su retransmisión en televisión en directo en compañía de otros hinchas del equipo, es recreación de primera clase que merece todo el tiempo, dinero y energía que se le puedan consagrar. Al fútbol se le ha llamado exageradamente «la religión del siglo futuro». No es para tanto. Pero sí es un fenómeno que nos ayuda a ir entendiendo el papel creciente, en tiempo y en profundidad, que el deporte organizado —ayudado una vez más por la televisión— está ya jugando en nuestras vidas y está llamado a jugar más y más.

Sepamos aprovechar desde el principio los aspectos favorables de esta situación. El deporte integra a pueblos distintos en igualdad efectiva. Las reglas son las mismas para todos, y en fútbol gana el que mete más goles. Aun en sociedades con graves prejuicios racistas se contempla con ecuanimidad la presencia de jugadores de todos los colores en los equipos locales o nacionales. Bienvenido sea el jugador de color al equipo blanco —o el blanco al equipo de color— si nos hace ganar. Se hace por utilidad, es verdad, pero se hace; y todo logro en el camino de la integración de todos los humanos es un logro vital que a todos nos alegra.

El mero hecho de que muchos millones de espectadores estén viendo simultáneamente en sus pantallas en todos los continentes de todo el mundo el mismo acontecimiento deportivo, es un vínculo invisible pero real entre gran parte ya de la humanidad. Todos gritamos al mismo tiempo —creo que la palabra ¡gol! se dice lo mismo en todas las lenguas del mundo—, todos saltamos al mismo tiempo, todos nos alegramos —o nos entristecemos, según el caso— al mismo tiempo en los lugares más remotos y apartados entre sí de la geografía terrestre. Y todos sabemos que muchos están viendo lo que nosotros vemos, y así, aunque no los conozcamos, no los veamos y nunca en nuestras vidas lleguemos a decírselo, nos sabemos unos con todos esos millones, nos identificamos con el género humano, nos constituimos en familia unida bajo el tenue pero real vínculo del deporte compartido en tiempo real. Apreciamos todo lo que nos une.

Cuentan que, cuando Ronaldo fue a ver al Papa en audiencia privada, Ronaldo sabía quién era el Papa, pero el Papa no sabía quién era Ronaldo y hubo de preguntárselo a él mismo con humor contagioso. Lo interesante de la anécdota es que los que la contaban y comentaban sabían perfectamente quién era el Papa y sabían quién era Ronaldo. Y lo sabían a todo color por la televisión. No quiero decir con esto que el fútbol sea una religión, como he citado aquí mismo sin aprobar el dicho, ni que Ronaldo sea como el Papa, que cada cual es lo que es en pleno respeto y dignidad en su puesto, que son bien diferentes; pero sí que el deporte televisivamente compartido une a quienes lo contemplan —y lo contemplan muchos. Como nos unen los grandes acontecimientos religiosos vistos y vividos a través de la misma pantalla. Si el creciente ocio que nos invade viene a ayudar a nuestro esfuerzo permanente para conocer, sentir, apreciar y acercar a multitudes crecientes a través de medios de comunicación cada vez más asequibles, más realistas y más universales en momentos de interés más o menos real para muchos, bienvenida sea la civilización del ocio junto a la del trabajo. Es hora de que se den la mano.

La otra mejilla

El fútbol engendra violencia. Los grandes encuentros dan lugar a escenas sorprendentemente salvajes en entornos cuidadosamente civilizados. Las circunstancias desatan sentimientos de grupo, frustraciones reprimidas, enfrentamientos seculares, prejuicios irracionales, instintos inconfesables, represalias guardadas, venganzas medievales. No sólo es el deporte el que propicia la violencia, sino que otros entornos sociales como la política, el racismo, el desempleo, la droga, y tristemente aun la misma religión, han protagonizado escenas tristes en tragedias repetidas. El siglo XX ha sido un siglo de violencia desbordada, y el siglo XXI no lleva trazas de mejorar la situación.

Las raíces de la violencia las llevamos todos dentro. Cuando le preguntaron a Krishnamurti su reacción ante la guerra del Vietnam, respondió: «Ante todo, he de calmar el Vietnam que yo llevo dentro». Sea consecuencia del pecado original, sea fruto de la «concupiscencia» encarnada en nuestro ser, sea producto del «Id» freudiano o reliquia del *karma* de acciones pasadas, el hecho es que en lo más profundo de nuestro ser sentimos una atracción absurda a regocijarnos con escenas sangrientas, a visionar desastres y disfrutar catástrofes. Todo el cine de terror y toda la literatura tenebrosa deben su éxito en ventas a ese oscuro rincón del corazón humano. Aunque a mí no me gustan las películas de Drácula.

Cuando la Fuerza Aérea del ejército indio organizó su primera fiesta anual con despliegue y acrobacias de aviones en el aeródromo estratégico de Pune, cercano al seminario papal donde yo estudiaba teología, las autoridades militares tuvieron la atención de buenos vecinos de invitarnos al espectáculo aeronáutico. No sólo nos invitaron, sino que, al final de todo, el general en jefe tuvo el gesto de acercarse a nosotros, preguntarnos nuestra opinión sobre el espectáculo y añadir que, ya que era la primera vez que lo hacían, le interesaría le diéramos sugerencias para otra ocasión. ¿Qué nos gustaría ver en la fiesta del año siguiente? Yo le contesté disparatadamente: «A mí me gustaría ver el choque de dos aviones en el aire». Todos me miraron horrorizados. Yo me apresuré a añadir que también desearía ver a los pilotos salvarse en paracaídas, desde luego, pero no creo que eso llegase a arreglar el entuerto. Yo mismo me sorprendí de cómo pude haber dicho tal disparate. Pero allí mismo me asaltó la sospecha de que los demás visitantes que me habían oído y habían manifestado debidamente su horror ante mi propuesta, en el fondo también habrían disfrutado con un buen accidente en directo. ¿No nos pasa la televisión una y otra vez escenas dantescas de aviones que se estrellan en festejos aeronáuticos y que han recogido fielmente sus cámaras preparadas para esa eventualidad hasta el último momento? Si las dan, es porque saben que nos gusta verlas. Y eso era lo único que yo, con mi acostumbrada falta de diplomacia que tantos coscorrones que ha acarreado en la vida, había dicho ante el general en jefe de la Fuerza Aérea de la India. El año siguiente no nos invitaron.

Khalil Gibrán escribe en *El profeta:*

«A menudo escucho que os referís al hombre que comete un delito como si él no fuera uno de vosotros, como si fuera un extraño y un intruso en vuestro mundo. Mas yo os digo que de igual forma que el más santo y el más justo no pueden elevarse por encima de lo más sublime que existe en cada uno de vosotros, tampoco el débil y el malvado pueden caer más bajo de lo más bajo que existe en cada uno de vosotros».

Todos llevamos dentro una veta de violencia, por absurdo que sea. La disimulamos educadamente, hasta que llegamos a negárnosla a nosotros mismos, pero allí está siempre, tanto más peligrosa cuanto más escondida, dispuesta a jugarnos una mala pasada en sentimientos salvajes o en exabruptos repentinos. No se trata de justificar la violencia en ningún momento, pero sí de entenderla calladamente en nosotros mismos para poder entenderla también cuando nos salte a la cara en los demás. No basta con gritar traumáticamente «¡No lo entiendo!» cuando nos enteramos por enésima vez del último acto terrorista con la cobardía detestable de un tiro por la espalda a sangre fría a un ciudadano pacífico que camina inocentemente de la mano de su hija pequeña, víctima añadida en el estupor infantil de su tierna memoria herida para siempre. Es mejor y más útil para nosotros y para todos que tratemos de alguna manera de entender esa acción insensata, precisamente para combatirla eficazmente y lograr que algún día dejen de mancharse de sangre las calles pacíficas de nuestras ciudades.

Luis Rojas Marcos, en su ensayo *Las semillas de la violencia* (Premio Espasa Ensayo 1995), resume así lo que él en su estudio considera como los fondos universales del comportamiento violento:

«Las raíces del crimen violento se plantan en los primeros años de la vida en el seno del hogar, se cultivan en un medio social impregnado de desigualdades y frustraciones, y crecen avivadas por valores culturales que glorifican las soluciones agresivas de los conflictos entre las personas» (p. 105).

Tres etapas: «se plantan», «se cultivan», «crecen». El hogar es, paradójicamente, la primera fuente de violencia. Sigue el mismo autor:

> «Quizá nuestro objetivo más inmediato deba ser lograr la convicción social, profunda y bien informada, de que las más costosas y fatídicas simientes del crimen son la mutilación del espíritu de un niño y la deformación de su carácter por medio de la violencia».

Quienes hemos tenido la suerte de ser criados en hogares amantes, unidos, cariñosos, no imaginamos fácilmente cómo la cuna de todos los bienes puede transformarse en el centro de todos los males. Quien ha sido víctima temprana, aunque sólo sea en ver y oír y sentir, de violencia familiar en sus tiernos años, crece predispuesto a transmitir esa violencia desgraciadamente a otros cuando la fuerza llegue a sus brazos y la amargura a su corazón. Algo nos predispone a repetir en los demás las primeras experiencias que nos depara la vida, sean éstas buenas o malas. Están saliendo a la luz en nuestros tiempos, en cantidad e intensidad crecientes y alarmantes, violencias de hogar que nunca sospechábamos entre marido y mujer, entre padres e hijos, entre hermanos y hermanas, hasta límites brutales de crueldad impensada. Mucho sufren las víctimas calladas de esos atentados. Y el mayor sufrimiento es la herida psicológica que puede llevarlos en el mañana a vengar en la sociedad las afrentas que ellos sufrieron en la familia. El hogar sin violencia —y aquí viene el capítulo anterior sobre el matrimonio— ha de ser prioridad en toda proyección de felicidad hacia el siglo futuro.

Luego viene «el medio social impregnado de desigualdades y frustraciones». El muchacho o muchacha que crece en medio de un grupo que —con razón o sin ella— se cree y se manifiesta discriminado, perseguido, víctima de injusticia, privado de derechos y desoído por la humanidad, que oye a todas horas la misma queja, ve las mismas imágenes, se forma en el mismo odio al enemigo real o ficticio y se desespera en la impotencia de no poder hacer nada por medios normales de hablar y negociar, queda dispuesto o dispuesta a recurrir al último remedio de las armas y la violencia en compañía de quienes piensan y sienten lo mismo porque han crecido en los mismos ambientes de injusticia, odio y venganza institucionalizados. El condicionamiento severo, universal y continuado, ejercido sobre ideas, sentimientos y conducta a través de mente, imagen, gesto y palabra, cantos y lenguaje, familia y sociedad, templo y escuela desde la infancia que todo lo asimila, a lo largo de la adolescencia que lo absolutiza, y de lleno en la madurez que lo institucionaliza y lo hace efectivo en sangre y muerte, es la plaga más dañina que padecemos en nuestros tiempos, y causa daño irreparable, no sólo a la víctima señalada en un charco de sangre, a sus parientes y a sus amigos, sino a toda la sociedad, que se siente herida en el alma por la maldad desnuda, la impotencia atada, la continuidad sin fin previsible de la inquietud vital. El camino hacia la reducción de la violencia pasa por el terreno —por ahora tristemente inaccesible en muchos casos— de la educación de niños y jóvenes en mentalidad amplia, más allá de reducidos enclaves ideológicos.

Y como tercer elemento en la espiral de la violencia, «los valores culturales que glorifican las soluciones agresivas de los conflictos entre las personas». La agresividad ha pasado, en muchos, de ser un desorden peligroso y enemigo de la sociedad, a ser actitud permitida y fomentada en el negocio y la competencia. Cuando, hace años, entré en tratos por primera vez, desde la India, con una editorial de Nueva York para la publicación de mis libros ingleses en los Estados Unidos, la editora en jefe, que era una mujer de gran profesionalidad y eficiencia, me escribió una larga carta, muy técnica y muy personal al mismo tiempo, en la que al final me aseguraba textualmente lo siguiente: «Esté usted seguro de que he de atacar la publicación y distribución de sus libros en los Estados Unidos con la máxima agresividad y combatividad». Yo me quedé horrorizado al leer la carta. Por lo visto, así es como se hacían los negocios por aquellas tierras. Los competidores son adversarios, y hay que atacarlos con toda la agresividad posible. ¡Dios me libre! Yo veo la agresividad como garras afiladas, dientes desnudos, miradas desafiantes y rugidos amenazadores en arenas de combate. Me imaginaba a mi editora estadounidense recorriendo las calles de Nueva York con mis libros bajo el brazo, entre rugidos salvajes y gestos amenazadores a los peatones, conminándoles a que compraran mis libros bajo pena de ser atacados al instante y reducidos a pedazos. (Querida Pat, no te imaginarías que yo iba a escribir esto algún día sobre ti. Tampoco yo, pero me ha sobrevenido el recuerdo, y creo que puede aclarar un punto importante. No te importa, ¿verdad? Llegamos a ser muy buenos amigos, y te agradezco de corazón todo lo que hiciste por mí y por mis libros). Comprendo que el mercado de hoy es un campo de batalla, y que los contendientes no se tienen compasión unos a otros. Pero no quiero en manera alguna que lo que yo escribo para fomentar la paz del individuo y de la sociedad se promueva con medios agresivos que psicológicamente destruirían por un lado lo que yo trabajosamente pretendo edificar por el otro. Nada de agresividad en ningún terreno y para ningún fin. Sería contraproducente.

El terrorismo es la violencia más cercana que todos padecemos. De repente, todos nos hemos hecho vulnerables. Nuestra persona, nuestros bienes, nuestros amigos o conocidos, nuestro entorno, nuestro barrio, nuestro universo diario de noticias, cualquier rincón del mundo y cualquier sector de la sociedad puede verse en cualquier momento atacado por el dolor y reducido a la impotencia.

Subir a un avión es recordar estadísticas siniestras. Las líneas aéreas están de acuerdo en no proyectar en sus trayectos películas basadas en secuestros de aviones. Y hacen muy bien, pero el olvido temporal de los incidentes no soluciona el problema. Somos vulnerables, no sólo en nuestras personas y lo que nos puede acaecer en cualquier momento, sino en nuestros sentimientos, que quedan desgarrados ante la noticia de cada secuestro, cada atentado, cada asesinato, sea por quien sea y por lo que sea. Las heridas las llevamos todos en el alma, y la sangre es nuestra. Por eso duele tanto la violencia pública, callejera, vecina, cercana, que ya lo es suceda donde suceda y afecte a quien afecte. Nos afecta a todos. Bill Gates, que se declara poderosamente optimista acerca del impacto de la nueva tecnología en todos los terrenos, traza sin embargo una sombra importante sobre el cuadro:

> «Más de cerca, me preocupa el aumento de poder en los terroristas. La tecnología hace posible que pequeños grupos de gente puedan llevar a cabo acciones de gran destrucción. Es ésta una tendencia pavorosa, porque las armas defensivas no pueden mantenerse a nivel de las ofensivas en su desarrollo. Por eso, a pesar de mi optimismo general, no dejo de sentir preocupaciones por la tecnología» (p. 290).

Abundan relatos de víctimas de campos de concentración, nazis o comunistas, o de secuestros terroristas de todo signo que después de sobrevivir heroicamente a tratamientos corporal y psicológicamente inhumanos, dan cuenta de sus experiencias y nos permiten de alguna manera entrar en los horrores que ellos vivieron, para crear conciencia en la humanidad y contribuir a que no se repita lo que nunca debió suceder. Algunas de estas víctimas rescatadas pueden hablar con facilidad de sus sufrimientos, mientras que otras no quieren revivir el trauma por miedo a revolver memorias que podían volver a agitar y enturbiar las aguas, a duras penas vueltas a su curso. Prefieren callar, y tienen perfecto derecho a su silencio. Por otro lado, quienes nos hablan, nos hacen partícipes de sus experiencias y nos unen afectivamente a su testimonio viviente en contra de la maldad institucionalizada que nos azota. El científico alemán Otto Frisch logró rescatar a su padre del campo de concentración de Auschwitz, en el cual no sólo había sobrevivido, sino que había ayudado a otros a sobrevivir con su buen humor y fortaleza. Esto es lo que hizo al recobrar la libertad:

> «Cuando mi padre llegó a Suecia, estaba algo cambiado y más flaco. Durante unos quince días estuvo todo el rato ocupado en la máquina de escribir, y yo vi algunas páginas de las que escribió sobre sus experiencias en el campo de concentración; bien espantosas y repugnantes algunas de ellas. Cuando acabó, metió todas aquellas páginas en un sobre, me dijo que todo lo que había pasado estaba ahora en aquel sobre, lo selló en mi presencia y dijo que nunca volvería a hablar del campo de concentración. Y nunca lo hizo» (*What Little I Remember*, p. 206).

El libro de memorias de Milan Platovsky Stein lleva un juego de palabras en su título: «SOBRE VIVIR». Es un libro «sobre» el «vivir», es decir, una autobiografía suya sobre cómo ha vivido él su vida, y es al mismo tiempo casi un manual de cómo «sobrevivir» en las calamidades de la vida, escrito por alguien que hubo de sobrevivir, como judío, la persecución de los nazis, y como checo, la de los rusos en su propia patria. De los 900 prisioneros que comenzaron una marcha de seis días de Goleschau a Sachsenhausen, a diez grados bajo cero y sin alimentos, sólo sobrevivieron 87. Al ser rescatado, él pesaba 38 kilos. En la cama de al lado, en el primer hospital que lo acogió, estaba un joven judío polaco. Éste le contó mayores atrocidades aún de las que él había pasado.

«"Yo vivía en una casa de dos pisos en un pequeño pueblo. Cuando los alemanes vinieron a buscarnos, allanaron todas las casas y rompieron todo. Apresaban a la gente, y a los que vivían en el segundo piso los tiraban desde las ventanas al camión. Así ocurrió con todos. Con los grandes y los chicos, con los viejos y las guaguas [los niños]. Menos mal que yo caí bien y no me pasó nada. Pero hubo casos, sobre todo de ancianos, que se despedazaron contra el piso del vehículo. En una de las detenciones del camión en que nos trasladaron, vi que un S.S. quería quitarle a una mujer de sus brazos una criatura de pocos meses. Como ella se resistía, el guardia le dio un tremendo golpe a la mujer con su rifle. Después tomó al bebé por los pies y le estrelló la cabecita contra un árbol. La mujer, enloquecida, se abalanzó contra el S.S. y pretendió quitarle el arma. Hasta ahí más llegó, porque fue fusilada de inmediato".

Me narró otras varias escenas de dolor. Al cabo de ocho días, el chico judío-polaco dejó de hablarme y murió. Nunca me quedó claro qué lo había matado, si el tifus o los horrores que había vivido. Tal vez no hizo gran cosa por sobreponerse. A su juicio, probablemente no merecía la pena. El mundo en que le había tocado vivir era un infierno» (p. 170).

Cito esta narración —de la que he suprimido detalles aún más cruentos— para que las atrocidades que los humanos hemos llegado a cometer queden marcadas en nuestra conciencia colectiva y no vuelvan a cometerse. Siempre se ha dicho que quienes desconocen la historia están condenados a repetirla. La mayor parte de los actores de esas crueldades (como el brutalizado S.S. del último párrafo) probablemente no sospechaban ellos mismos, al principio de sus actividades bélicas, hasta dónde iban a llevarlos el ambiente condicionador, el endurecimiento progresivo, el ejemplo compartido, la ceguera final. El mismo Milan Platovsky tuvo la entereza de visitar Auschwitz de nuevo, en la ceremonia de la conmemoración de los cincuenta años de la liberación, en 1995, junto con su hija y sus dos nietas y en compañía de varios supervivientes del cautiverio, incluida una mujer más joven que había sido hecho cautiva a los once años y que había sido liberada por Oscar Schindler en persona, quien convenció al oficial de las S.S. de que la dejase ir con él a su fábrica, con el argumento especioso pero eficaz de que «necesitaba las manos pequeñas de los niños para meter la dinamita dentro de las bombas». Así la salvó. Encontró también a un joven guía alemán que le contó su cometido: «Estoy acompañando a un grupo de jóvenes ejecutivos alemanes de la fábrica Volkswagen. Muchas empresas alemanas envían aquí a sus obreros y oficiales en viaje pagado para que conozcan los crímenes que se cometieron y se formen mejor las nuevas generaciones». Ojalá nos sirviera a todos esa vacuna emocional. Pero su impresión más fuerte fue la de una joven muchacha polaca a quien tampoco conocían, y que les dijo sin amargura ni superioridad: «Acuérdense. Si ustedes hubieran resultado estar del lado de Hitler, ustedes mismos habrían sido aquí los verdugos en vez de las víctimas». De alguna manera lo había ya dicho antes san Agustín: «Allá —de no ser por la gracia de Dios— voy yo».

Zhang Xian Liang es un escritor chino que pasó veintidós años en «campos de reforma laboral» bajo Mao Tse Tung. Se las arregló para mantener un diario en cifra que conservó hasta el final. Hoy dice: «Si este pequeño diario no existiese, yo mismo dudaría de si esa parte de mi vida era real». Escribió sencillamente porque tenía una pluma, y tenía una pluma porque no pudo cambiarla por comida, como cambió todas sus pertenencias, ya que nadie quería una pluma. Pesaba 44 kilos cuando debía transportar sobre sus espaldas cargas de ladrillos de 40 kilos. El espacio asignado para acostarse cada preso por la noche era de treinta centímetros de ancho. No comían más que «sopa de hierba», y ése es precisamente el nombre de su impresionante libro, *Grass Soup* (1996). Para colmo, después de trabajar en los campos segando la hierba, los guardias les examinaban los dientes para ver si habían comido algo de hierba y castigarlos. Recuerda la parábola del Hijo Pródigo, a quien no se le permitía comer las algarrobas que comían los cerdos que apacentaba. Dice algo tan curioso y tan trágico como que su debilidad hacía que se olvidase de respirar; y lo que en una persona normal es un instinto inconsciente, en él se convirtió en un esfuerzo consciente. Si se olvidaba de respirar, se asfixiaba y tenía que volver rápidamente a aspirar aire. Dice penosamente: «Sólo dos cosas tenían para mí importancia en la vida: comer sopa de hierba y acordarme de respirar». Ésta es una descripción de un aspecto desgarrador e insólito de tales campamentos de castigo, triste en su realismo inevitable, y palpitante en su dolorosa sumisión paciente:

> «Se oye el sonido penetrante del silbato. Los prisioneros se reúnen rápidamente y se sientan en el suelo bajo el sol abrasador. Allí esperan un tiempo indefinido la llegada de los líderes que van a arengarlos. Lo que mejor recuerdo de aquellas esperas, y algo que no he olvidado hasta el día de hoy, era el resonar continuo de las toses. ¿Has oído alguna vez a más de mil personas tosiendo fuerte al mismo tiempo? Era un toser intenso, salvaje, desbordado, surgiendo incontrolable de pulmones enfermos. Era como el romper de las olas del océano que vienen desde lejos, cada ola más alta que la anterior. Especialmente al pasar lista en una noche de invierno, la tos podía hacer vibrar el aire helado. No podrías creer que ese sonido que destrozaba los oídos podía venir del aparato respiratorio humano. Más parecía fueran vidrios destrozados de golpe.
>
> Unas toses eran bajas y medio suprimidas, otras resonaban; unas se alargaban, otras eran como ladridos cortos. Unas quedaban ahogadas por la flema, otras eran un seco raspar que no paraba. Era como si todos los animales de una selva se hubieran puesto a rugir al mismo tiempo.

Nunca he visto esa tos colectiva y estremecedora descrita en ningún libro sobre campos de concentración o cárceles. O es que nunca ha ocurrido antes, o que los escritores no se han fijado en ella. Yo la recuerdo tan vivamente, sobre todo porque yo era parte de ella. En aquel día concreto de julio de 1960 el tiempo era inaguantablemente caluroso y seco. Yo sentí como si la pleura de mis pulmones fuera de papel y no pudiera aguantar la entrada y salida del aire. Cada respiración me hacía más frágil y tembloroso. Desde luego que participé activamente en el coro de toses» (p. 65).

El relato continúa hasta un final estremecedor. En cuanto aparecen los jefes del campo tras una larga espera, la tos universal cesa inmediatamente. Por miedo, por servilismo, por desesperación, por cansancio, se hace silencio y no se oye ni un carraspeo. El escritor tiene una dura frase en que se desprecia a sí mismo y a todos los prisioneros por esa conducta. «Todos los prisioneros son despreciables —y yo con ellos». Esta desencajada autocrítica demuestra, más que ningún otro abuso, la vejación extrema, en cuerpo y en espíritu, a que habían sido sometidos esos seres humanos más allá de toda creíble humillación. Y como ejemplo de atrocidad vivida en horror contemporáneo, sólo una muestra:

«Esto es un resumen de lo que sucedió el 4 de septiembre de 1960. Estábamos todos los prisioneros cortando hierba en la vertiente de un canal. Sobre la orilla del canal aparecieron a alguna distancia una mujer joven con una niña de cuatro o cinco años. Allí se quedó arreglándole el vestido a la niña, peinando y ajustando sus trenzas y quitándole el polvo de los zapatos. Luego se arregló a sí misma, deshaciendo su peinado y volviéndolo a trenzar con gran elegancia, mientras yo la contemplaba disimuladamente a través de las hierbas que cortaba, y la veía mecerse suavemente mientras se arreglaba.

Nunca me ha atraído una mujer tanto como aquélla. Quizá fuera porque yo había ocultado unos boniatos entre las hierbas, y eso me relajó y me permitió disfrutar la escena. Lo que pasó a continuación dejó congelada esa escena en mi mente para siempre. Ahora, siempre que veo a una mujer que levanta sus brazos para arreglarse el pelo, no sólo me enternece la belleza de este movimiento, sino que al mismo tiempo me asalta una violenta premonición de que algo terrible va a suceder.

En la mano llevaba una pequeña bolsa de tela, en la que sin duda había guardado, grano a grano, alguna comida de las miserables "raciones rebajadas" que sufrían los ciudadanos. Mientras tanto, el Jefe de Grupo había llamado a gritos al prisionero en cuestión. Yo lo observaba todo, aparentando cortar hierba, para deleitarme con la escena de risas y lágrimas de la reunión familiar cuando tan faltos estábamos de ternura. Esto es lo que vi.

El hombre se llegó hasta donde le esperaban su mujer y su hijita. No las abrazó ni las besó. Arrebató la bolsa de tela de manos de su mujer, se subió hasta la orilla misma del canal, se sentó allí bajo un árbol, metió las dos manos a un tiempo dentro de la bolsa y empezó a comer vorazmente todo lo que iba sacando. La mujer esperó pacientemente abajo donde estaba. Lloraba despacio y abrazaba a su hija. Seguro que ninguna de las dos había comido aquel día para ahorrar la comida. Dejé de mirar y seguí cortando hierba.

Al cabo de un buen rato, se oyó un grito desgarrador desde arriba del canal. Todos levantamos la mirada, pero en la orilla del canal no se veía a nadie. Nosotros no podíamos movernos de nuestros puestos ni de nuestro trabajo cortando hierba en el campo, pero pieza a pieza nos fuimos enterando de todos los horrores y comunicándonoslos en murmullos. El hombre, después de comer a su gusto, se había acercado al canal, se había cortado las venas de sus muñecas con la hoz de cortar hierba y se había tirado al canal. La mujer no lo vio hasta que subió despacio y vio la mancha roja en el agua. Gritó. Se desmayó. Cuatro prisioneros llevaron el cadáver del muerto, y cuatro prisioneras el cuerpo de la mujer desmayada, mientras otro llevaba a la niña de la mano.

¿Por qué se suicidó? ¿Por desesperación? No. Podía haberlo hecho en solitario cualquier otro día y ahorrar el trauma a su mujer y a su hija. ¿Por verlas hambrientas? No. Tenía derecho a pedir dos raciones para las visitas, y habrían comido. ¿Por castigar a su mujer? No. Ella había venido a visitarlo con gran sacrificio y trayéndole comida. ¿Por liberar a su mujer y a su hija de tener a su marido y a su padre en prisión? No. Lo habría hecho luego. Se suicidó en aquel momento por otra razón. Uno de los prisioneros contó cómo este hombre le había dicho un día que, según los clásicos budistas, hay seis maneras de reencarnarse: en el cielo, en el infierno, como un humano, como un animal, como un Asura [monstruo legendario] o como un espíritu hambriento, y que la peor de todas era la del espíritu hambriento. "No quiero morir de hambre", había dicho, "para no ser luego un espíritu hambriento". Y por eso se mató en cuanto tuvo la ocasión de morir con el estómago lleno. Muchos prisioneros sufrieron los latigazos del Jefe de Grupo aquel día. Hubimos de cortar hierba hasta que se hizo tan de noche que no distinguíamos la hierba de la hoz» (pp. 229-246).

Esta narración es la última de su libro; y Zhang Xian Liang, que es hoy una de las primeras figuras literarias de China y cuyas obras son muy leídas, acaba así la escena y el libro:

«No tengo idea de dónde puede estar hoy aquella pequeña. No sé cómo habrá sobrevivido a estos tiempos difíciles.

Dime, ¿se ha desteñido el color de la sangre en tu mente? Si es que vives, tendrías ahora unos treinta años. Si es que llegas a leer este libro, quiero decirte una cosa: estoy dispuesto a hacer todo lo que yo pueda por ti; todo lo que pueda, con tal de que seas feliz» (p. 247).

A las escenas desgarradoras de los campos de concentración de ayer se juntan las vejaciones inhumanas de los secuestros terroristas de hoy. Si es horrible contemplar el sufrimiento múltiple de miles de personas en cautiverio degradante, quizá nos afecta más todavía la noticia prolongada en agonía de una persona concreta encerrada criminalmente en un estrecho zulo situado físicamente en un entorno civilizado, y conceptualmente en la más remota barbarie prehistórica. Convivimos con ese horror, conocemos el nombre y los apellidos de la víctima y estamos ya familiarizados con su fotografía, de verla día a día en periódicos y pantallas; sabemos que vive y sufre cerca de nosotros, nos unimos a manifestaciones de protesta y de petición de libertad, sufrimos con su familia la angustia de la espera, y lloramos o nos felicitamos, según el final triste o alegre del cautiverio. No es historia recogida en libros del pasado, sino noticia vivida en los medios de comunicación del día. Mientras esperamos que los campos de concentración o de «trabajo» (*Arbeit macht Frei* era el irónico lema grabado en el arco de entrada al campo de Auschwitz: EL TRABAJO HACE LIBRES) se hayan clausurado para siempre y no vuelvan a repetirse, los zulos de secuestros terroristas existen en este momento en preparación, en espera de nuevos prisioneros, quizá en activo con víctimas en ellos, quizá cerrados en olvido precipitado de huida mezquina, heridas sangrantes excavadas en la tierra, cicatrices permanentes de dolor humano, tumbas de vivos, pirámides invertidas, monumentos vergonzosos de lo peor que en su historia ha vivido la humanidad.

«En el zulo» se llama precisamente el libro escrito por el mecenas alemán Jan Philipp Reemtsma, en el que cuenta de su propia mano la historia de los treinta y tres días que estuvo secuestrado en algún lugar en los alrededores de Bremen. Lo terrible de la narración es que está escrita en primera persona, y de repente, sin avisar y sin caer en la cuenta él mismo, se pasa a tercera persona, como si le resultara demasiado doloroso contar esos sufrimientos como propios y quisiera distanciarse gramaticalmente de las angustias que había padecido tan realmente. Testimonio lingüístico de la tensión creada en su vida para siempre por aquellos treinta y tres días de indignidad, privación, soledad, dudas y miedo.

«Me preguntaron por qué quería publicar tan pronto este libro. La respuesta conduce directamente al lugar que señala el título: al zulo. El secuestro, un espacio de tiempo sin otro contacto social que el antisocial con los secuestradores, es un tiempo de convivencia obligada. Todo ello dentro de un extremo desequilibrio de fuerzas: poder absoluto por un lado, impotencia absoluta por el otro. Esto no lo dejas en el zulo. Del zulo no te desprendes. El zulo permanecerá en mi vida, pero en mi vida debe quedar lo menos posible de la obligada convivencia en aquel agujero. El único medio contra la convivencia no deseada es la publicación» (p. 18).

Así explica la aparición de la tercera persona del singular: «De este modo, lo penoso se deja decir más fácilmente; además, esta forma estilística concuerda con el hecho de que no hay ninguna continuidad entre el yo de mi escritorio y el zulo sobre el que voy a escribir» (p. 42).

«Quisiera empezar por el zulo donde él [!] estuvo encadenado treinta y tres días. Era absolutamente oscuro. Tuvo dificultades para respirar, la sensación de ahogarse, la necesidad de dar manotazos al aire. A la mañana siguiente llamaron a la puerta, y todo él se encogió de miedo, pero sólo empezaba lo que sería el ritual diario» (p. 75).

«La primera semana se paseó por el zulo. Es decir, todo lo que le permitía la cadena. Primero intentó trazar pequeños círculos, pero la cadena se retorcía y rápidamente se acortaba; entonces tenía que hacerlo en otra dirección hasta que recuperaba su longitud normal. Su andar adquirió pronto un rasgo maníaco. Era lo único que podía "hacer". Mataba el tiempo, mantenía activa la circulación y, sobre todo, acallaba las ideas y los sentimientos. Aprendió cuántos pasos caben en un día. Calculaba que tres mil eran algo menos de una hora; cuatro mil, algo más. El primer día anduvo poco, tres mil. Al día siguiente, ocho mil, después quince mil, después dieciocho mil quinientos... Ése fue su trabajo. Siempre tres pasos, a veces dos y medio, arriba y abajo. Después de dos pasos y medio o tres, oscilaba como un elefante encadenado, ponía el pie otra vez atrás, y vuelta a empezar» (p. 159).

«El mayor miedo siempre fue la prolongación de tal estado, y no el miedo a la mutilación [le habían amenazado con cortarle un dedo], ni incluso el miedo a morir, aunque extrañe a muchos que nunca han estado en el zulo. Más de una vez sintió nuestro hombre el deseo imperioso de matarse» (pp. 191, 206).

Por fin llega la liberación. Pero continúa la paralización emocional, el nerviosismo, el miedo, el no poder soportar un ruido, un portazo, un silencio, la sensibilidad exagerada, las pesadillas en el sueño..., «y constantemente la repentina indiferencia ante todo. Todo se vuelve gris. Así se sentía él en el zulo al despertarse de noche, encender la luz y mirar a su alrededor: esto es lo que hay. Y quizá no salga nunca de aquí. El zulo permanece en la vida» (pp. 216, 218).

Se pagó el rescate, pero en la mente del secuestrado se planteó también el aspecto moral del mismo, y él tiene la honradez de manifestarlo:

«Para él, en el zulo, el dinero era el precio del desenlace, nada más. Desde luego, también pensó en las consecuencias: cuántas cosas se podrían hacer con ese dinero, que engrosaría los fondos de unos blanqueadores cualesquiera, antes de que los secuestradores pudieran gastar una parte en el juego y emplear el resto en preparar nuevos delitos» (p. 135).

Ése es el problema moral, que por delicadeza silenciamos, aunque no olvidamos. «Emplear el resto en preparar nuevos delitos». El dinero cobrado por los secuestradores se usará para perpetrar nuevos secuestros. El dinero extorsionado por terroristas se utilizará para llevar a cabo nuevos actos de terrorismo. Con eso se alarga la cadena de la violencia y se multiplica la acción de los sin ley. Cuando un conocido industrial secuestrado dirigió él mismo el pago de la mitad de su rescate desde el cautiverio y prometió pagar la otra mitad una vez liberado, la asociación de víctimas del terrorismo le envió una carta que al mismo tiempo hizo pública. En ella le pedían no pagase la otra mitad, ya que dar dinero a terroristas repetidamente asesinos era «financiar asesinatos».

Con toda la delicadeza del mundo, con respeto a la conciencia de cada uno, con hermandad en el dolor y en la frustración, con el temblor de la duda y con la necesidad de no callar, hay que decir lo que nunca queremos decir pero que de alguna manera hay que mencionar. Pagar un «impuesto revolucionario» o un rescate de secuestro a quienes van a emplear ese dinero para planear, financiar y llevar a cabo asesinatos con todas sus consecuencias, no es un acto moral lícito. No se trata de «legítima defensa», ya que no muere el atacante, sino otra víctima inocente; no vale decir que no se sabe qué van a hacer con ese dinero, porque sí se sabe que van a matar; no cabe el argumento personal de decir: «si te pasara a ti, pagarías el rescate», porque mi debilidad personal no cambia el principio moral.

El camino de la no violencia se orienta en dirección opuesta. El padre contemporáneo de la no violencia a nivel social e internacional, Mahatma Gandhi, basó su entender y su hacer en la regla opuesta de la «desobediencia civil», que en su caso de la lucha por la independencia de la India del poder de la corona británica, consistía en informar educadamente a las autoridades que no se someterían a sus demandas, y cargarían pacíficamente con las consecuencias de su no cooperación, desde sufrir cargas de la policía hasta ir a la cárcel. También lo llamó «resistencia pasiva», aunque el valor, la paciencia y la moral que hacían falta para tal actitud tenían muy poco de pasivas. Señaló como fuente y raíz de su estrategia los principios básicos de moral jainista que aprendió de su aya en la niñez, las tradiciones de las escrituras hindúes como la historia del joven héroe y santo Prahlad, y los evangelios cristianos que aprendió en sus años en el África del Sur. Explico su pensar.

La moral jainista incluye, como primer voto que hacen sus monjes y primera promesa que mantienen sus fieles, la ley sagrada de la *ahimsa* (no violencia) de no hacer nunca daño a ningún ser viviente ni de obra ni de palabra ni de pensamiento. Herencia secular de la India, esa primera virtud es el trasfondo de toda mentalidad y la medida de toda moralidad aun en la sociedad de hoy. Es verdad que la ola universal de violencia que sacude al mundo ha llegado también al continente de Mahatma Gandhi, y tenemos sangre y enfrentamiento y dolor; pero en el alma y en la cultura y en la religión permanece la atracción de la *ahimsa* como el ideal sublime y actual de lo mejor de toda la sociedad india en práctica diaria.

El ejemplo de Prahlad es bien conocido y venerado en toda la India... aun por algunos católicos recientemente bautizados. El santo párroco de Karamsad, padre Grau, me contaba cómo sus feligreses tenían en sus casas cuadros religiosos con la imagen de Prahlad, y cuando se corría la voz entre ellos de que el párroco iba a visitarlos de casa en casa, cambiaban la imagen de Prahlad por la del Sagrado Corazón de Jesús. Había que quedar bien con todos. Prahlad es en la mitología hindú el hijo de Hiranyakashipú, rey de los demonios y enemigo de los dioses, a quienes había derrotado y arrebatado el cielo. A pesar del ambiente en que se crió, Prahlad era muy devoto de Krishna, encarnación de Vishnú. Su padre le prohibió que adorara a Krishna. Prahlad se negó a obedecer y se mostró dispuesto a padecer todo lo que hiciera falta. Su padre mandó que lo arrojaran al fondo del océano y apilaran rocas sobre su cuerpo. Salió ileso a la playa. Las pruebas se repitieron sin que el niño ofreciera ninguna resistencia a los ataques. «¿Quién te salva siempre de mis manos?», preguntó airado el padre. «Krishna», respondió tranquilo el hijo. «¿Dónde está ese Krishna?», insistió el padre. «En todas partes», respondió el hijo. «¿También en esa columna?», preguntó irónicamente el padre. «También», respondió con toda calma el hijo. Entonces se abrió la columna de arriba a abajo, apareció Vishnú transformado en una figura medio hombre medio león, Narasimha, derrotó al rey de los demonios con todos ellos y devolvió el cielo a los dioses. Desde entonces Prahlad es el símbolo de la «resistencia pasiva» del bien ante el mal, y su ejemplo inspiró a Gandhi en su propia campaña moderna, según él mismo dijo repetidas veces.

Y luego Gandhi citaba los evangelios. El Sermón del Monte. Palabras sagradas que todos conocemos y citamos de memoria, y que el padre de la independencia de la India tomó en serio y llevó a la práctica con el histórico resultado de liberar «la joya de la corona» del dominio británico por medios pacíficos, cuando ninguna colonia en ningún continente había hasta entonces alcanzado la independencia sin una guerra sangrienta.

«Habéis oído que se dijo: "Ojo por ojo y diente por diente". Pues yo os digo: no resistáis al mal; antes bien, al que te abofetee en la mejilla derecha, ofrécele también la otra; al que quiera pleitear contigo para quitarte la túnica, déjale también el manto; y al que te obligue a andar una milla, vete con él dos. A quien te pida, da; y al que desee que le prestes algo, no le vuelvas la espalda» (Mt 6,38-42).

Los discípulos de Jesús nunca hemos tomado muy en serio esas palabras suyas. Gandhi las oyó por primera vez con una mente libre de prejuicio y de rutina, y no cesó de repetirse a sí mismo y a todos en su vida: «No resistáis al mal». Eso no quiere decir, desde luego, que no haya que hacer todo lo posible por reprimir el terrorismo y la violencia en todas sus formas por todos los medios legales. Al contrario, las fuerzas del orden y de la paz han de cumplir fielmente su cometido para que nosotros podamos cumplir el nuestro. Tampoco quiere decir que no haya que proteger vidas y propiedades públicas y privadas contra ataques y violencias terroristas de cualquier clase. Claro que hay que hacerlo, y cuanto más, mejor; y ojalá resultara siempre eficaz esa protección y pudiera acabar con la insensatez y locura de los asaltantes de todo signo, clase o edad. Legislación y acción, policía y jueces, protección en cuanto es posible para evitar el daño, y represión después de cometido, son condiciones justas y necesarias para mantener el equilibrio moral y la paz social sobre las que descansa la sociedad, y tales medidas merecen siempre todo nuestro apoyo, ayuda y cooperación. Precisamente la cooperación ciudadana es factor vital en la información oportuna y concreta de personas, acciones y movimientos que hace posible la intervención temprana y eficaz de quienes pueden impedir el mal antes de que suceda. Un grupo terrorista no puede subsistir a la larga si la población urbana y campesina mantiene una alerta unánime y comunica rápidamente sus sospechas a quienes pueden intervenir a tiempo. Esa acción conjunta, perseverante y eficaz ha de mantenerse y fomentarse a toda costa. La sociedad como tal y sus autoridades sí que han de «resistir al mal» con todas sus fuerzas para minimizar su efecto y reducir su alcance. El mandato evangélico «no resistáis al mal» entra sólo en efecto cuando los medios de resistencia sociales han fallado, y el individuo concreto se encuentra indefenso ante el ataque personal de violencia incontrolada. Entonces es cuando hay que ofrecer la otra mejilla y ceder el manto.

Gandhi mostró que esta actitud, aparte de ser moralmente ejemplar, era también práctica y eficaz para lograr a la larga los fines perseguidos. Nadie creía, cuando él empezó en Suráfrica con sus tácticas de denunciar leyes injustas y someterse a los castigos legales, que ese método iba a dar resultados, y menos a escala nacional, y menos ante un poder como el del imperio británico. «No voy a tolerar que un fakir desnudo se nos lleve la joya de la corona», había dicho Churchill ante el parlamento inglés. Pero se la llevó. Con toda su desnudez y sencillez. Y el conocer la historia de cómo lo hizo nos ayuda a reflexionar sobre lo que nosotros podemos hacer. Basta una muestra.

Gandhi había organizado el boicot pacífico del monopolio de la sal, que en la India se arrogaban los ingleses. La sal es necesaria como condimento, como reserva orgánica frente al insistente sudor tropical y como valor cultural, ya que se considera testigo de fidelidad en el Oriente, donde la frase «he comido tu sal» quiere decir «te seré fiel siempre», y «traidor» se dice *nimakharam* (violador de la sal). Notificó sus intenciones al virrey, organizó una marcha hasta la costa donde estaban las salinas, tomó un puñado de sal de sobre la arena secado por el sol —lo que era contravenir a la ley— y fue llevado a la cárcel.

Sus seguidores organizaron una manifestación pacífica, yendo de cuatro en cuatro hacia la puerta de las salinas. Un reportero americano presenció la escena, que en su narración de testigo presencial conmovió al mundo. En la columna de a cuatro venía un fuerte muchacho sikh, alto y bien formado. Lo esperaba de frente un sargento inglés, que levantó con sus dos manos su *lathi,* o larga porra de madera reforzada de hierro, y le asestó un gran golpe en la cabeza. El voluntario cayó ensangrentado. Lo recogieron las enfermeras, le pusieron hielo en la cabeza, se recobró y volvió a ponerse en la columna. El sargento lo vio y le dejó acercarse. La gente miraba con horror. El sargento había vuelto a levantar la porra, pero se quedó un momento parado, como si reflexionara. Después bajó lentamente la mano, se puso la porra bajo el brazo izquierdo, se cuadró de un taconazo, saludó militarmente al voluntario sikh y se retiró sin decir palabra.

Esa imagen es todo un tratado sobre la no violencia. El voluntario sikh no acepta las exigencias del gobierno inglés, no se pliega a sus demandas, no se acobarda ante sus amenazas, y está dispuesto a recibir sobre su cabeza las sangrientas consecuencias de su no cooperación con la injusticia. Y las sufre. Pero al final el sargento inglés se retira del campo —como el gobierno inglés acabó por retirarse de la India. ¿Cuántas cabezas pueden quebrarse si con ello no se consigue nada? Si los terroristas no consiguieran nada con sus secuestros, pronto acabarían los secuestros; y si nadie pagase, nadie cobraría, y el sacrificio de unos pocos habría liberado ya a la humanidad de la plaga de la violencia, en vez de la creciente espiral que padecemos. El «no resistir al mal» en estas circunstancias, el prepararse a sufrir los golpes de la violencia organizada, por dolorosos que sean para todos —repito que después de hacer todo lo posible por pararlos y evitarlos—, sin contribuir con impuestos ni rescates a fondos criminales ni ceder a ninguna demanda injusta de secuestradores o extorsionadores, sería el final de la violencia. El no cooperar —ni por las buenas ni por las malas— con el terrorismo es la manera larga y definitiva de acabar con el terrorismo. El sacrificio personal es el camino evangélico de la redención social. Lo mostró Jesús. Sus discípulos lo hemos olvidado.

«Chinda la burdi»

El capítulo sobre la violencia ha salido largo. Refleja la dificultad y la seriedad de la tarea más recalcitrante de la humanidad en el siglo que viene. Tarea que está íntimamente vinculada a la otra gran tarea pendiente en la sociedad de hoy: la droga. Ésta merece capítulo aparte.

Mi tratamiento va a ser el mismo que hasta ahora. Dejar hablar a quienes tienen experiencia directa en la materia, sentir con ellos, vivir con ellos lo más de cerca posible su situación y sus problemas, y tratar de ver con sus ojos rutas de salida del laberinto personal y social en que se encuentran y nos encontramos con ellos. El mero conocer la situación, enterarse de casos concretos, aprender el vocabulario y entrar en la realidad es el primer paso para aliviar sufrimientos y encontrar soluciones. Hay algo peor que saber que se tiene un hijo drogadicto, dijo un padre apenado, y es no saber que se tiene un hijo drogadicto cuando en realidad se tiene. Eso les sucedió durante mucho tiempo a los padres de Julián, cuya historia paso a contar.

Julián es el nombre ficticio de un joven muy real que ha tenido el valor y el acierto de narrar en primera persona sus *Memorias de heroína y delincuencia* (Editorial Popular, 1997) ya que, dice, «me gustaría que sirviera a otra gente que tiene el mismo problema que yo» (p. 31). Su estilo es directo, desgarrado, de frase fácil y vocabulario difícil, de rápida identificación con el lector, a quien lleva por la angustia, la espera, el miedo, la duda, el horror y el vacío de un grupo de muchachos enganchados a todo tipo de robo y droga en la zona Norte de Madrid desde 1977 hasta 1987. La narración rompe el alma. Al mismo tiempo, el hecho de oírsela contar con tranquila neutralidad a quien ha pasado por todo eso y puede contarlo, reanima esperanzas y abre horizontes en uno de los terrenos más desoladores de la sociedad de hoy.

«Todo empezó en el verano del setenta y siete. Yo tenía quince años, había suspendido primero de BUP y me puse a trabajar en un restaurante. Un día, en ese bar, me presentaron al Ángel, que era primo de uno de los amigos de mi hermano. Enseguida nos entendimos. Me fui con él a su barrio, detrás del Pilar. Allí estaban sus amigos, todos con pinta de malos. A mí me gustaba aquello, y desde ese día empecé a parar con esa gente. Un tío mío me consiguió un trabajo de botones. Era un buen curro, ganaba veintidós talegos al mes y no hacía nada. Un día empezamos a hablar de robos. Yo, para hacerme el listo, les dije que podíamos robar en el restaurante donde yo había trabajado. Lo planeé todo. Yo mismo cogí la caja fuerte portátil. Fuimos a buscar al Churri y le enseñé el chito de talegos. Empezó a dar saltos. "Vamos a coger un pato y vámonos pa'l barrio, que os voy a dar una sorpresa». Fuimos al rincón de costumbre, todos esperando la sorpresa del Churri. Vimos cómo de un paquete de tabaco sacaba una especie de cigarros un poco arrugados.

"¿Qué es eso, caldo de gallina?»

"Anda, cállate, Zote, que eres gili. Esto es costo. Toma, Julián, dale vida a este, ya verás qué rico está».

Yo era la primera vez que me fumaba un porro» (p. 32).

Después del «costo» viene el «chocolate», el «burro», la «farlopa», las «anfetas», el «ajo», el «jaco», la «mandanga», hasta llegar al temido «fliji», que es inyectar «caballo» (heroína) en vena. Todo eso necesita «viruta» (dinero), y para conseguirlo hay que hacer «cobas» o «leñerías» (bancos o joyerías) varias veces al día, y todo con el grupo, que nunca deja ni deja dejar la rutina cerrada que envuelve la vida en tenaza cada vez más apretada.

La palabra «hacer» en el último párrafo quiere decir «robar»: «robar bancos o joyerías». La palabra más general y verbo auxiliar del lenguaje, «hacer», pasa a significar la actividad más general del grupo: robar. También usan «chorar» para «robar», lo que no pudo menos de sacarme una sonrisa, ya que *chor* en mi lengua india guyaratí es «ladrón». ¿Habrá alguna relación secreta entre las tendencias ocultas de los humanos en todo el mundo? De todos modos, el cambio de vocabulario es significativo. Es otro lenguaje. Porque es otra cultura. Aunque viven entre nosotros, siguen con sus familias, transitan nuestras calles y entienden nuestra lengua, pero hablan entre sí otro lenguaje, porque son de otra tribu. Frontera social, lingüística, casi étnica. Si me encuentro con un grupo de gente de color africano o rasgos orientales, pero que hablan con soltura mi lengua, me entiendo perfectamente con ellos; pero si es un grupo de apariencia mediterránea, pero de lengua distinta, me siento distanciado. Esta distancia es lo que busca instintivamente el grupo distinto que inventa y aprende rápidamente un lenguaje exclusivo para marcar su frontera mental y emocional. No se entienden con los demás ni se dejan entender por ellos. El padre de Julián, un honrado trabajador de la construcción, y su madre, que le ayudó y acompañó siempre en todas sus crisis, hacían todo lo posible por él, pero no se entendían. La madre de Julián, que contribuye con unas páginas estremecedoras a la autobiografía de su hijo, escribe: «Lo que estaba haciendo nunca pasaba por mi imaginación. No me lo quería creer, me engañaba a mí misma. Mira que lo tienes delante de los ojos; pues te niegas a reconocerlo. Es que no se me podía ocurrir, es que no te lo imaginas» (pp. 171, 149). Julián cuenta:

«Me convencieron y fuimos a casa. Pero yo ya tenía en la cabeza un montón de cosas; no me iban a hacer cambiar de parecer. Me senté en un sillón, diciendo a todo que sí. Pero me entraba por un oído y me salía por el otro. No me entendían ni un poquito. Al final se fueron, convencidos de que me quedaba en casa para siempre. Mi madre no estaba tan segura. Yo creo que se sentía impotente, estaba viendo lo que pasaba y no podía hacer nada.

Decidí que me iba. Estaba harto de que me tuvieran como a un niño. Sabía cuidarme solo y no quería tener a nadie encima diciéndome lo que tenía que hacer, a qué hora tenía que venir... Me fui a Vía Límite, porque paraba con unas chicas de ese barrio. Estaba con ellas hasta que se hacía de noche, y después me buscaba un sitio para dormir. Me hacía un coche y me iba a dar una vuelta, a ver si salía algo fácil, un autoservicio o una panadería. Cargaba el coche de comida y me iba a algún sitio oscuro hasta que llegase el día. Echaba para atrás el asiento del conductor y dormía dentro del coche. Dejaba sólo un cable desenchufado, por si tenía que salir de pira. Algunas noches estaba difícil hacerte un coche y me tenía que buscar un portal donde dormir. Recogía los felpudos, los amontonaba y me enroscaba como una culebra, deseando que amaneciese» (p. 84).

El cambio de vocabulario llega a un nivel aún más profundo. No sólo cambian palabras, sino que cambian sus propios nombres. Un rasgo, un incidente, una broma dan lugar a un mote, y ese nuevo bautizo marca a la persona para siempre. Y si no se encuentra un mote, será el nombre antiguo desfigurado. Pero tiene que cambiar. Es un cambio de identidad, con pérdida y abandono de la identidad anterior en la familia y en la sociedad, y aceptación de una nueva identidad de grupo y cultura y conducta en un nuevo entorno. Siempre se llaman por esos motes, y por ellos son conocidos de todos.

«Allí andaban el Jandri, el Afri, el Luga, el Chule, el Pipe, el Jaro, el Láser, la Ali, la Pilara, la Choneti... y muchos otros. Nos conocíamos todos. Éramos una peña» (p. 43).

Los relatos de robos, escapadas en coche robado, juzgados, cárceles, son escalofriantes por lo realistas, fríos y repetidos. Para aligerar la carga emocional de estas citas voy a reproducir sólo una de esas aventuras con un toque de humor.

«Iba andando por Ávila y pensando: "Para volverme a Madrid necesito un coche. Así que el primer coche que vea con llaves, me lo llevo". Vi un renol cinco té-ese de puta madre. Pero había dos tíos cerca, en un quiosco de periódicos. Justo cuando ya tocaba la manilla, se montó el dueño y se piró. Seguí andando y a la puerta de una iglesia vi un coche fúnebre sin el chófer. Un dodge tres setecientos, no veas. Estaba lleno de coronas esperando al muerto. Dije: "Como tenga llaves, es mío". Miré y tenía. Me acerqué a la iglesia y vi que todo el mundo estaba en la misa. Corrí al coche, cerré la maleta, me metí dentro y arranqué. Pero había cerrado mal el portaequipajes, quiero decir el portamuertos, y no me di cuenta. Tiré, buuu, y noté que la gente por la calle me miraba como flipando. "Joder, no es tan raro", pensaba yo, "un coche de muerto... normal, ¿no?" Y es que la puerta se había abierto y yo iba soltando las coronas de flores por la mitad de Ávila. La gente veía la puerta abierta, una corona arrastrando y pensaba: "Se le ha caído el muerto". Y ya cuando me di cuenta, la puta que lo parió, estaba justo en la avenida principal. Me bajé, cerré bien y tiré para el barrio de los gitanos. Al entrar, los gitanos pusieron una cara... "Un coche fúnebre, lagarto, lagarto". Alucinaban. Al cruzar por la avenida de los árboles vi que salían los municipales primero y la guardia civil después. "Bueeenos días, ahora sí que vamos bien", pensé. Me metí a tó cimbel, y les perdí, porque no veas cómo tiraba el carromato. En la avenida había dos motoristas esperando. Me los pasé tó enciscao y los perdí de vista. En un cruce metí un volantazo en redondo y en la primera esquina paré en seco, me bajé y tiré las llaves. Me puse la chupa, crucé un par de calles, entré a un bar, pedí un taxi y a Madrid. Cuando íbamos por la carretera, justo a la entrada del túnel estaba la Guardia Civil con las metralletas pilladas, apuntando. Me dijo el taxista: "Por aquí ha pasao algo". "Alguno de la ETA", dije yo. "Éstos de la ETA, es que hay que ver", dijo él. "Si tú supieras", pensé, "lo que llevas encima"» (p. 176).

El paso a la heroína en vena es el momento más penoso y el cruce de la última frontera en ese viaje desgraciado del que es difícil volver. La descripción que Julián hace de su propia experiencia la primera vez, fiel en su detalle y dura en su realismo, puede ser aleccionadora para quienes queremos entender algo de esa tristeza para poder aliviarla.

«Cogí una cuchara grande. Eché el gramo, puse agua y empecé a moverlo con la aguja mientras lo calentábamos con el mechero. Era como una bruja que mueve la poción mágica. Cuando estaba disuelta la mayor parte, lo cogí en mi chuta y se lo eché a los otros en las suyas. Me agarré el jersey, lo subí hasta la molla, lo empecé a retorcer hasta que vi que había salido la vena. Me pinché y bombeé sangre. Con la velocidad de un rayo sentí como si me agarrara una zarpa gigante todos los músculos del cuerpo. Me empecé a dormir. Se me cerraban los ojos, no los podía abrir. Con los ojos cerrados estaba al loro de la conversación del Cholo y el Guarri. Cuando se pusieron el fliji les oía cómo les iba cambiando la voz, hasta que ya no podían, no tenían fuerzas para articular una palabra. Nos quedamos tirados en el parque. De vez en cuando se nos veía volver rápidamente la cabeza para cambiar la libra [vomitar]. Después te sentías mucho mejor. Liabas un canuto, no le habías dado tres chupadas, y otra vez a cambiar la libra. Al final ya no teníamos fuerzas ni para eso. Cuando nos fuimos eran las cuatro de la mañana. No podía ni subir las escaleras de mi casa. Me tumbé en mi cama y me quedé en la misma postura hasta el día siguiente» (p. 141).

Parecería que después de esta descripción no se les iba a ocurrir volver a pincharse. Pero es todo lo contrario. Ya no pueden dejarlo. Julián llegó a tener el brazo «como el de Popeye» de tanto pincharse e infectarse, y se lo sajó él mismo con un abrelatas por no ir al médico. Y en medio de esa situación es cuando escribe el párrafo más patético de todo el libro:

«Muchos me ayudaban; pero aunque estaba siempre rodeado de colegas, me sentía solo. La única que me acompañaba era mi hembra, mi jaca. La quería, lloraba por ella, y para estar junto a ella di de lado a mucha gente y chuleaba a quien fuera; no me importaba nada ni nadie; sólo ella, mi amor, aunque parezca mentira. Y la quiero ahora, que te estoy contando todo esto, y la querré siempre, aunque no esté a su lado, y cuando haya terminado mi vida, que esté en mi vejez, me compraré veinte kilos de su amor y moriré contento y feliz, de sobredosis, que es lo que más quiero, lo único que quiero sentir. Aunque sea demente, es así: la quiero. Soy yonki, aunque no me pinche, aunque no la tenga; pero al mismo tiempo la aborrezco, porque me ha hecho mucho daño a mí y a mis amigos, y lucharé por hundirla, aunque me hunda yo en el empeño» (p. 157). [¿Hará falta decir que la «jaca» del principio del párrafo y la «hembra» por quien llora es la «heroína en vena»? «La heroína se convirtió en mi más fiel compañera, mi novia» (p. 148)].

Julián no se hundió. Hizo la mili. Entrando y saliendo del calabozo. Entendió que «el mono es más psíquico que físico» (p. 198). Que el factor fundamental para salir de él es la compañía que se guarda. Si se vuelve a la compañía de siempre, se vuelve a la costumbre de siempre. Por eso, al salir de la mili, no se quedó en Madrid. «Si me llego a quedar, duro un suspiro» (p. 215). Su madre le buscó plaza en un centro de rehabilitación de drogadictos, fregando la oficina ella misma como contribución a los honorarios, ya que no tenía dinero para pagarlos. El centro era una estafa organizada, pero Julián tenía cualidades de líder y comenzó a trabajar allí en varios menesteres. Eso comenzó a hacerle sentirse útil, a estar todo el día ocupado, a sentir de nuevo interés por la vida. (No hace falta decir que en sus años difíciles pensó más de una vez en el suicidio.) «Me lo tenía que arreglar yo, o no me lo arreglaba nadie». Al cabo de un año salió de la institución con Lucía, una buena mujer, y dispuesto a «currar». Al escribir el libro lleva ya cinco años sin probar droga. No todos sus amigos han tenido la misma suerte.

> «He tenido un hijo y paso de líos. Ahora trabajo en un camión y estoy ahorrando para montar una granja escuela y trabajar con niños. Eso es lo que más ilusión me hace. Es jodidillo. Tenerte que levantar tó los días a las seis y media, tener responsabilidades y cumplir, eso a todo el mundo le cuesta. Pero se está cantidá de a gusto, tío» (p. 274).

El relato de Julián pone de manifiesto la incapacidad del sistema actual para solucionar el problema de la droga. La distribución no se evita. «La droga —del canuto al caballo— nunca faltaba. Nunca tenías que ir muy lejos a comprar. Los camellos de este lado siempre tenían, y si no tenían la conseguían. "A las ocho la tienes aquí". Y no faltaba» (p. 247). La policía amenazaba, detenía, castigaba, soltaba, fallaba. Hay más relatos de escapadas que de arrestos. La justicia no parece conseguir llegar a hacer justicia del todo en todos los casos. «Es un desastre cómo está la justicia, no saben el mal que están haciendo» (p. 259). La cárcel agrava el problema. «Luego llegó la cárcel, y en la cárcel se consagraron; ésa es la mejor escuela de delincuentes que existe, y allí lo conocieron todo, todo lo que se podía hacer, todo lo malo, y conocieron la droga» (Madre de Julián, p. 260). Llegan a hacer pensar que el actual sistema de acción contra la droga es contraproducente y que está empeorando la situación, en vez de mejorarla.

Ante esa situación, hay analistas serios que han propuesto la legalización de la droga, de manera más o menos general, como un enfoque más realista y esperanzador de la cuestión. Conocida es la postura, en esa dirección, de Milton Friedman, premio Nobel de Economía 1976, y de una revista tan seria como *The Economist,* de Londres. Más cerca, los participantes en las «Jornadas de Discusión» sobre este tema, organizadas por la Fundación Bartolomé de Carranza en la primavera de 1990 en Pamplona, así como los del taller «Los agentes sociales ante el fenómeno social de las drogas» en junio de 1996 en Oñati, estuvieron también casi unánimemente de acuerdo en la misma postura. Alguna cita:

«Seamos realistas, legalicemos las drogas» (Mikel Isasi, *Los agentes sociales ante las drogas,* Editorial Dykinson 1998, p. 273).

«En conclusión. ¿A quién defiende la criminalización y a quién le interesa la no regulación legislativa del comercio de la droga?: a los empresarios de la droga y a la criminalidad organizada. ¿Quiénes son cómplices?: quienes defienden la actual imagen social de las drogas y las políticas sobre drogas: sistema político, judicial y carcelario y medios de comunicación. ¿Quiénes son las víctimas?: en este caso, los propios etiquetados como delincuentes y su entorno social (drogodependientes criminalizados) y, por supuesto, la ciudadanía, que, además de estar desprotegida, comulga con estas políticas y se cree segura, cuando es el prohibicionismo el responsable de robos, atracos y demás desmanes que se cometen contra ella» (César Manzanos, p. 280).

«En la cuestión de las drogas, la criminalización, la penalización a ultranza, crea más problemas que los que resuelve» (Jaime Funes Artiaga, *¿Legalizar las drogas?,* Editorial Popular 1991, p. 191).

El diario *El País* de 5.7.98 resaltaba en titulares la situación, que documentaba detalladamente en cuatro páginas: «Cien jueces y juristas españoles creen que hay que legalizar la droga y que es posible hacerlo».

Yo no soy nadie para opinar en esta cuestión, y no tengo autoridad ni experiencia alguna en ella. Sólo se me ocurren dos consideraciones generales a distancia, a título de aficionado inofensivo, aunque vivamente interesado en el problema que mantiene en vilo a toda la humanidad —y creo haber demostrado mi interés con la cantidad de libros que he consultado para escribir este capítulo con algún conocimiento de causa— con toda humildad y disposición a ser corregido, pero también con claridad y decisión por no quedarme callado.

Primera consideración. Los intereses creados en el mercado de la droga son tan enormes, tan organizados y tan internacionales que pueden estar influyendo, directa o indirectamente, en las organizaciones y los poderes que mantienen la actual situación. No digo en manera alguna que todos los que se oponen a la despenalización de la droga lo hagan por motivos egoístas de intereses creados; pero sí que esos intereses creados están bien activos y llegan de una manera o de otra a ejercer su influencia sobre políticas y legislaciones concretas. Esa sospecha es activa y real. El mercado manda en sus productos. Un pequeño ejemplo de mis años de juventud. Cuando yo empecé a afeitarme la pelusilla de melocotón de adolescente en las mejillas con mi primera maquinilla de afeitar, las hojas de entonces eran de tan baja calidad que había que afilarlas cada día con una correa especial, y aun así no duraban más de tres o cuatro afeitados. Eran baratas, eso sí, pero apenas duraban, y había que tirarlas enseguida, o guardarlas cuidadosamente un año entero hasta que tuviera efecto el fenómeno de la «histéresis elástica» que nos explicaba el profesor de física y que, según él, consistía —¡teóricamente!— en que con el tiempo las partículas del filo del metal volvían a su sitio, y la hoja podía volver a usarse con mayor o menor éxito, a riesgo del usuario. No existía entonces la tecnología para fabricar hojas de metales nobles con duración indefinida, como ahora tenemos; o, mejor dicho, sí existía la tecnología, pero los fabricantes de hojas de afeitar no permitían que llegase al mercado para que los usuarios tuviéramos que cambiar de hoja casi cada día y se mantuvieran las ventas. De repente sucedió algo. Salió al mercado la primera maquinilla de afeitar eléctrica, fabricada no por las compañías de hojas de afeitar, sino por las industrias eléctricas. Competencia directa del aparato que duraba años contra la hoja que apenas duraba días. Entonces la reacción fue inmediata. Casi al mismo tiempo salieron al mercado las hojas de filo permanente, las hojas dobles, las maquinillas baratas, las caras, las hojas que parecen dispuestas a durar toda la vida con suavidad y perfección que compiten con el ingenio eléctrico. Todo eso podía haber salido al mercado mucho antes, pero no salió porque los intereses creados de los fabricantes lo impidieron. En el mercado no mandan los usuarios, sino los proveedores. Y los proveedores de droga quieren seguir proveyéndola. Las multinacionales imponen sus productos al mundo entero, y la multinacional de la droga es la mayor y más poderosa de las multinacionales de todos los tiempos.

Segunda consideración. Los agentes más cercanos a los mismos drogadictos son los que con mayor urgencia insisten en la legalización como único camino. Los legisladores lejanos son quienes preferentemente se oponen a ella. Ejemplos. El sacerdote Enrique de Castro, que trabaja entre drogadictos en Madrid, escribe con energía radical:

«Yo exigiría la legalización de las drogas fundamentalmente por desmitificar el aspecto mágico que se les ha dado, para quitarle la máscara de enemigo público número uno, para que los toxicómanos no tengan la posibilidad de refugiarse en el fatalismo orquestado, ya que la drogadicción es superable como cualquier otra adicción.

La exigiría para que hubiera control de calidad y así evitar tanta enfermedad y muerte, para quitar angustia a las familias hoy tan preocupadas por la posibilidad de tener un hijo drogadicto, que casi no hay más problemas que atender en ellos.

Y la exigiría para desestigmatizar a gitanos, sudamericanos y africanos, sospechosos permanentes de venta de droga. La exigiría hasta para quitar a jueces y fiscales la angustia (?) de enviar a tantos chavales a la cárcel y para que los policías pudieran dedicarse a asuntos más serios que cachear a jóvenes y niños por la calle.

La droga es un elemento más de la mafia económica de nuestros días. El marco para luchar contra las toxicomanías es la legalización de la droga» (*Dios es ateo*, p. 170).

Por otra parte, Luis Rojas Marcos, a quien ya he citado y que es catedrático en la Universidad de Nueva York, expresa la opinión contraria en su mencionado libro sobre la violencia:

«Ante la fuerte correlación entre la droga y el crimen, está creciendo el número de personas partidarias de la legalización o despenalización de estas sustancias prohibidas. Yo pienso que la despenalización de las drogas comunicaría un mensaje erróneo a los jóvenes. Desataría enormes problemas sanitarios y de seguridad pública. Se dispararía el uso y abuso de las drogas» (p. 98).

La discusión sirve para aclarar conceptos y situaciones que a todos nos interesan, pero es inútil en la práctica. Y digo por qué. O, mejor aún, lo va a decir el editor del libro citado, *¿Legalizar las drogas?*, Gabriel Hualde, con autoridad teñida de cierta inevitable ironía o de «humor fatal», como él mismo dice:

> «El día en que los tecnócratas que deciden en Norteamérica hayan visto que liberalizar las drogas les es más rentable, bien por el volumen de impuestos a cobrar, o bien porque podrán controlar en gran medida la nueva comercialización, o bien por ambos motivos, ese mismo día, como hicieron con el alcohol, las drogas se legalizarán, pasando por todos los principios hoy tan fuertemente proclamados e imponiendo una vez más a todo el mundo su nueva política sobre las drogas» (p. 19).

Profecía tristemente segura. Las grandes revoluciones siguen las leyes del mercado. La esclavitud se abolió cuando dejó de ser rentable. La ley seca siguió el mismo camino. Las drogas se despenalizarán a lo largo del siglo XXI, como se despenalizaron las bebidas alcohólicas en varios países a lo largo del siglo XX, después de haber estado prohibidas desde el principio del siglo.

Entre tanto, a nosotros nos toca hacer lo posible por reducir el problema y ayudar a quienes se encuentran en él. Hay algo que sé cómo decirlo, pero no cómo hacerlo, y que puede ayudar a crear un ambiente en que la excitación impulsiva y brutal de las drogas sea menos necesaria. Se trata de rebajar el umbral de la sensación necesaria para la consecución del placer legítimo. Trato de explicarme. La comercialización actual del entretenimiento en masa se basa en proponer cada vez más y más velocidad, más luces, más sonido. Lo que bastaba ayer ya no basta hoy. Han anunciado una «atracción» en un parque que cae 60 metros con una aceleración de 10 metros por segundo. Hay que probarla. Pero se gasta. Lo que se gasta no son los engranajes de la máquina, sino la capacidad de excitación de los esforzados que la prueban. De 60 metros hay que pasar a 80. Y luego a 100. Y a 20 por segundo. Y a 40. Con eso se embotan los sentidos y se pierde la capacidad de disfrutar. Hay que subir el volumen para poder seguir disfrutando. De una bebida ligera se pasa a una fuerte. De la bebida se pasa a la droga. De la marijuana a las drogas de diseño. ¿Hasta dónde nos llevará el «diseño»? La salvación está en recorrer el camino a la inversa y descubrir los placeres sencillos que tiene la vida si sabemos recuperarlos. Una cocinera en un mesón de carretera se negaba a preparar sus bien condimentados platos si el cliente no se sentaba y comía con calma. Para los que comían deprisa y de pie servía sólo bocadillos. Si volviéramos a comer «bien», que no quiere decir caro ni complicado ni exquisito, sino sencillo y casero y reposado, encontraríamos más fáciles los placeres verdaderos. Y éste es sólo un ejemplo. Pero totalmente ineficaz para las generaciones de los McDonald's y la Coca Cola.

El remedio fundamental a tanta búsqueda loca de placeres artificiales es el encontrarle un sentido a la vida. «Tener algún motivo para seguir viviendo», dice certeramente la madre de Julián. Por ser fundamental, es más difícil. Pero por ser fundamental ha de buscarse con ahínco, ya que en cuanto éste asoma, asoma la salvación. Y aquí ayuda el ejemplo, la familia, la primera formación en la vida. Probablemente todo eso le ayudó a Julián. Cuando un amigo suyo le dice: «Lo que has hecho es más difícil de lo que parece», él contesta: «Debe ser, pero no sé por qué». Lo que hay que hacer, se hace.

Por cierto, «chinda la burdi» quiere decir «cierra la portezuela».

Tarea de vida

En el curso del último año han fallecido seis compañeros míos, más o menos de mi misma edad, tres indios y tres españoles, todos ellos sacerdotes jesuitas de vida ejemplar y trabajo memorable, y todos ellos muy cercanos a mí en colaboración y trato a lo largo de años. Y en casi todos los casos, el ataque definitivo a su salud ha tenido algo que ver con lesión orgánica de cerebro o de corazón, precipitada por tensión psicológica de mente y espíritu. En medio del cariño, la nostalgia, la soledad y el silencio que trae al alma la muerte de compañeros, he reflexionado sobre los hechos que me tocan tan de cerca, porque ellos lo estaban de mí y porque su situación puede ser en cualquier momento la mía. Y esto es lo que me he dicho a mí mismo.

A todos nos toca morirnos. Y nuestra muerte dice algo sobre nuestra vida. *Sicut vita, finis ita,* nos decían en rima latina para animarnos a bien vivir. Morimos como vivimos. Y ahora pienso, con otra moraleja del dicho latino, que si morimos por tensión, quiere decir que hemos vivido con tensión. Y vivir con tensión no es ideal humano ni religioso de vida. No hay aquí crítica de nadie, sino deseo de aprender de todos. Dios me libre de hablar mal de quienes me precedieron y me enseñaron y me alegraron la vida. Pero Dios me libre también de cegarme y no ver excesos que se descubren ahora, aunque nos acompañaron siempre. Es verdad que trabajamos demasiado, abarcamos demasiado, nos afanamos demasiado con la mejor voluntad del mundo y por los mejores motivos del mundo. Pero se puede trabajar mucho y sin tensión, y en eso tenemos todavía mucho que aprender. Nuestra profesión religiosa nos libra, por los votos de pobreza, castidad y obediencia, de los cuidados permanentes que conllevan en la vida el dinero, la familia y la independencia, que ha de tomar sus propias decisiones bajo riesgo personal y constante; nos cuida y protege en las necesidades diarias, y se encarga dedicadamente de nuestra vejez. Si a algo renunciamos en legítimas satisfacciones económicas, familiares o personales, algo también deberíamos recibir a cambio (el ciento por uno evangélico) en paz del alma, tranquilidad interior, liberación de problemas sociales y equilibrio de alma, cuerpo y mente en el servicio de Dios y del prójimo. Parece que la oración, la vida de comunidad, la falta de preocupaciones materiales y la fe práctica en Dios que fomenta la vida religiosa deberían liberarnos de tensiones malignas de cuerpo y de alma. Pero, por lo visto, no es así del todo.

Un miembro respetado y querido en mi entorno comunitario sufrió no hace mucho una afección cerebral que lo apartó de su trabajo en la universidad, aunque puede seguir viviendo con nosotros en nuestra casa. Cuando se estabilizó su situación, tuvimos una reunión de grupo —en su ausencia— para hacernos juntos la pregunta: ¿Qué podemos hacer por Luis? Hubo generosidad y unanimidad absoluta. Haremos todo lo que podamos. Médicos, tratamientos, trabajo si quiere y el que quiera, descanso si lo necesita, y todo sin restricción alguna de tiempo o de presupuesto. Es miembro de nuestra familia, y ésta es su casa y nosotros sus hermanos. Que no quede nada por decir ni por hacer. Y así se hizo. Cuando todos habíamos hablado a satisfacción, yo esperé unos instantes y dije algo más. «Nos hemos hecho la pregunta "¿Qué podemos hacer por Luis?", y la hemos respondido noblemente. Pero hay una segunda pregunta más profunda para todos nosotros, y de consecuencias más generales, y es: "¿Qué nos está diciendo Dios a nosotros a través de Luis?" Yo creo que nos está diciendo que nos miremos a nosotros mismos y examinemos nuestras vidas y nuestro trabajo y nuestras actitudes para averiguar si nos estamos poniendo en una línea de acción que nos pueda llevar a una situación semejante. Es verdad que en su caso y en cualquier otro los causantes del trastorno pueden ser virus o bacterias o un fallo médico o un accidente imprevisible. No juzguemos. Pero también es verdad (y aquí cité los recientes casos de fallecimientos que he mencionado al principio —y a los que mis compañeros añadieron algunos más) que parecemos tener en nuestras vidas un nivel de tensión interna bastante mayor de lo que sería considerado normal. Yo pienso así, y cada vez que me encuentro a Luis por los pasillos, o me siento a comer a su lado, o hablamos de él, pienso que Dios me habla por él para recordarme mi obligación de paz y de salud. Para mí Luis es un profeta, un signo, una señal que Dios cariñosamente nos envía desde dentro de nuestra propia familia para señalarnos a tiempo nuestros peligros, para alertarnos a ponerles remedio antes de que sea demasiado tarde, para acercarnos a la salud de cuerpo y alma que necesitamos para dar ejemplo de equilibrio en nuestras vidas y para utilizarlas en servicio pleno de los demás».

Eso dije y eso siento. Cada miembro enfermo en una comunidad religiosa —¿y por qué no cada miembro enfermo en una familia?— es un enviado de Dios para aleccionar a los demás en el cuidado normal y responsable que cada uno debe tener de la propia salud en todas sus dimensiones, como testimonio del efecto saludable de la presencia de Dios entre nosotros y de la práctica del evangelio en nuestras vidas. Cuidémoslos en sus enfermedades y agradezcámosles que nos adviertan con su presencia y nos recuerden a diario nuestro deber de tratar de evitarlas en nosotros. Si hemos de dar ejemplo de buena conducta, también hemos de dar ejemplo de buena salud.

Un enfermo en la familia puede ser ocasión de bendiciones si sabemos reconocerlas. Kenzaburo Oé no es sólo el premio Nobel de Literatura 1994, sino el padre de un hijo disminuido, Hikari, y reconoce que es la influencia de ese hijo la que le ha formado como persona y aun como escritor, y le ha ayudado a entender al mundo y a la sociedad. Hikari, a pesar de toda su minusvalía o a través de ella, pronto encuentra la manera de «adaptarse y estar a sus anchas» en cualquier circunstancia, por nueva que sea. Su padre reflexiona en su bello libro, que titula *Un amor especial* y subtitula «Vivir en familia con un hijo disminuido»:

> «En cuanto a mí, me pregunto si no habré escrito novelas durante todos estos años como una expresión de ese mismo sentimiento básico que he aprendido de mi hijo en toda su minusvalía y adaptación: que yo también estoy a mis anchas en este mundo» (p. 133).

> «Al escribir una novela acerca de un niño minusválido, uno construye un modelo de lo que significa la minusvalía, haciéndolo tan completo y global como es posible, pero también concreto y personal. Abarca a quienes lo rodean y, por extensión, al mundo en que vivimos» (p. 49).

> «Debo admitir que mis ideas sobre la sociedad y el mundo en general, incluso mis pensamientos acerca de Aquello, sea lo que fuere, que pudiera trascender nuestra limitada realidad, se basan en la experiencia de vivir con mi hijo minusválido y en lo que he aprendido de ese modo» (p. 48).

Hikari tiene una sensibilidad que llega más allá del alcance ordinario de nuestros sentidos. Le gusta contestar al teléfono, sobre todo si quien llama se entretiene hablando algo con él. Una tal persona era el novelista Shohei Ooka, amigo de la familia, y esto es lo que un día sucedió, con su sorprendente secuencia:

> «Un día, tras haberme pasado el auricular, Hikari fue a la cocina y anunció a su madre: "¡Hoy la voz del señor Ooka

tiene una nota baja!", una observación que me repitió después de que colgara. Hikari había memorizado la "imagen" de la voz de Ooka, dotada de un tono perfecto, y aquel día había notado que estaba algo desafinada. La extraña y triste conclusión de esta anécdota es que Ooka había llamado para decirme que estaba a punto de ir al hospital a fin de someterse a unas pruebas, y no había podido leer mi libro, que acababa de llegarle. Y aquella misma tarde, en el hospital, sufrió un infarto y falleció...

Hikari, a quien le gusta escuchar anécdotas en las que él tiene un papel prominente, había escuchado con toda atención cuando recordé este episodio a la familia en una ocasión años después. Entonces me volví hacia él para hacerle una pregunta: "¿Todavía recuerdas la voz del señor Ooka, Hikari? No la que oíste aquel día, con una nota baja, sino su voz normal". "Todavía la recuerdo, porque he vuelto a oírla recientemente", respondió. Qué bueno y alentador sería para todos nosotros que, de vez en cuando, también oyéramos las voces de quienes nos han dejado» (p. 136).

En los diez años que pasé viviendo de huésped ambulante de casa en casa en los barrios pobres de Ahmedabad, me encontré con esta realidad que yo no conocía hasta entonces, pero que ahora sé está más extendida de lo que parece. Con frecuencia encontraba en la familia que me daba albergue a alguien que por enfermedad, incapacidad o defecto congénito no podía valerse y vivía siempre en casa bajo los cuidados indefectiblemente cariñosos de la familia. En uno de mis primeros hogares no me habían avisado y me encontré en una habitación con un muchacho crecido que no podía hablar ni mantenerse de pie. Quedé sobrecogido y sin saber qué hacer. Entonces llegó el padre del muchacho, que venía a darle de comer, y lo hizo con tal cariño, paciencia y delicadeza que me emocionó. Me explicó el padre que él se había jubilado antes de tiempo para poder asistir a su hijo en casa todo el día. Pensé: Así es como la debilidad de unos pone de manifiesto la bondad de otros. Me enterneció el alma.

Antes esos casos no se mencionaban, quizá por un sentimiento equivocado de vergüenza ante la sociedad; se ocultaban, sólo los conocían los más íntimos de la familia, y no se hablaba de ellos o se hablaba en voz baja y no se pronunciaban los nombres de sus enfermedades. Ahora estamos reconociendo que son miembros de pleno derecho de la familia y de la sociedad, tal y como son y tal y como están, y que en su puesto y a su manera aportan a la familia y a la sociedad algo específico, valioso, imprescindible. Es un avance en la sociedad, y se está confirmando más y más como conducta normal y establecida, nacida en nuestro siglo y decididamente en camino de generalizarse total y felizmente en el que viene. La ternura que se siente alivia la pena, al ver el cariño con que un familiar conduce a un tetrapléjico en silla de ruedas por la calle y salones y autobuses que ya se van acondicionando para ello; al ver a un niño mongólico bien cuidado y bien vestido en compañía de otros niños con toda naturalidad; al hablar con una muchacha con síndrome de Down, aprendiendo lecciones de vida de quienes la viven de otra manera que enriquece la nuestra mientras nos adentramos en el entender y compartir la suya.

Síndrome de Down tenía, no sólo en la película sino en la vida, ya que de él padecía en realidad, el protagonista desconocido, con Daniel Auteil, en la película francesa *El octavo día,* que explicó bellamente en la pantalla cómo una persona muy distinta, pero muy persona, vivía su vida y encontraba su mundo en medio de un mundo diferente, sin que ninguno de esos dos mundos fuera mejor o más real que el otro. Cuando al final explicaba el título de la película, llenaba el alma de lágrimas con el sonido alegre y teñido de su voz tan genuina como característicamente distinta: «El primer día hizo Dios la tierra y el cielo con las estrellas; el segundo día hizo a los pájaros para que volaran y cantaran; el tercer día hizo la televisión; el cuarto día hizo al hombre para que viera la televisión...; el séptimo día hizo el arco iris para descansar; ¡y el octavo día me hizo a mííí!» Y reía con todo su rostro y los brazos extendidos, como parte de ese mundo múltiple y loco en el que cada uno tiene su sitio, porque cada criatura tiene su creación. Eso estamos aprendiendo, y a todos nos hace bien el aprenderlo.

Donna Williams es una mujer autista que ha realizado la hazaña de escribir ella misma su propia autobiografía. Es bien realista y le da el nombre de *Nobody Nowhere* (Nadie en ninguna parte), que hace alusión a cuando su hermano mayor le daba suavemente con los nudillos en la frente como quien llama a una puerta y preguntaba: «¿Hay alguien ahí dentro?». Escribió el libro «para entenderse a sí misma», sin ánimo de publicarlo; pero después lo publicó, y en él nos descubre todo un universo paralelo del que nos avisa: «Si sientes cierta distancia al leer el libro, no te equivocas. La distancia existe. Es mi mundo. Bienvenido a él».

> «Mi primer trabajo fue en una fábrica de vestidos de piel. Estoy en contra de matar animales, pero no encontraba ninguna relación entre el animal muerto y su piel, y me gustaba la caricia de las pieles en mi cara. Me dieron la máquina más fácil, que era la de hacer ojales para los botones. Me encantó. En poco rato tenía un montón de ropa lista. El dueño era un italiano que trabajaba mucho y esperaba que todos trabajásemos como él. Cuando vio el montón de pieles que yo había ya preparado, se puso muy contento. Pero al tomar una en sus manos quedó horrorizado y se puso a gritar una y otra vez: "¿Qué has hecho? ¡Ojales en las mangas, ojales en el cuello, ojales por todas partes! ¡Vete de aquí!" "¿Puedo recibir mi paga?" "¡No! ¡Me has hecho perder miles de dólares! ¡Sal de aquí antes de que te saque a patadas!" Yo no sabía que había que poner los ojales en un sitio fijo» (p. 82).

Ella expresa directamente el fenómeno de percibir la realidad de manera distinta, pero no menos auténtica de como lo hacemos las personas «normales», como ocurría en el caso de Hitaki. Dice así: «Muchos disminuidos están más en contacto con el mundo, ya que perciben las cosas de una manera más sensible que la gente "normal". La reacción más instintiva de la persona "menos normal" le lleva a rechazar la "normalidad" alienante que la mayor parte de la gente considera real» (p. 199). Sólo esa lección es ya bien valiosa en sí misma y realza la importancia y dignidad de todas esas personas a las que llamamos «disminuidas». Lo que nosotros tomamos por «realidad», lo que llamamos «la vida real», lo que entendemos ser lo «verdadero», porque todos decimos y repetimos lo mismo, es con frecuencia una imagen distorsionada de la realidad, con la que hemos perdido el contacto más sensorial y directo que conservan quienes desarrollan una distinta actividad cerebral en su vida. Todos nos completamos a todos.

La palabra que estamos aprendiendo a pronunciar en varios contextos y con un significado no siempre claro, pero siempre esperanzador, es de origen griego y de ciudadanía universal: «holístico». *Holos* en griego es «todo», con lo cual «holístico» quiere decir sencillamente «total», pero hemos necesitado una palabra nueva para despertar una conciencia nueva de «totalidad» en lo que hacemos y en lo que somos. La «medicina holística» trata a la persona como un organismo en su conjunto, no como un estómago o un tobillo o una retina por separado. No hay una «salud corporal» exclusiva ni una «salud mental» exclusiva, como tampoco una «salud espiritual» exclusiva. Somos de una pieza. Nuestro estado de ánimo se refleja en nuestra digestión, y nuestra fatiga corporal rebaja nuestra meditación. De todo hay que echar mano para sanar al todo.

Cuando Treya Killam, a los pocos días de su boda con Ken Wilber, se encuentra con un cáncer creciente en su cuerpo, estudia los mejores métodos de ataque. Ella como asesora psicológica y terapeuta grupal, y su marido como psicólogo transpersonal y conocedor de culturas y recursos, se plantean el mejor curso de acción. Y deciden usar todo lo que parezca que puede ayudar a la sanación, no como mezcla primeriza de todas las recetas, sino como apertura respetuosa a todos los valores. En el libro que conjuntamente escribieron él y ella, y que lleva el bello y merecido título de *Gracia y coraje,* escribió Ken:

> «Aunque ambos éramos grandes partidarios de la medicina alternativa y holística, dado el estado actual de los conocimientos médicos, Treya decidió que el único camino prudente consistía en combinar los métodos ortodoxos con los alternativos. Estimamos que lo más adecuado era la mastectomía segmentaria, seguida de radiación» (p. 68).

Luego sigue Treya:

> «Además de la meditación, el ejercicio, la acupuntura, las vitaminas, la dieta y mi libro, he comenzado también con el trabajo de visualización, estoy visitando a dos médicos holísticos y ¡estoy poniendo más energía en mi diario!» (p. 76).

Sabia combinación de todos los medios. Incluso llega a la persistente y temida quimioterapia. Que no quede nada por intentar. Suavemente, seriamente, a su tiempo. Ella lo llamaba la «tarea de su vida», no como esfuerzo egoísta de curación personal, sino como ejercicio conjunto de crecimiento orgánico en la circunstancia actual que ponía a prueba todos sus recursos de fe y ánimo, de energía y voluntad, de compañía y soledad, de estudio y tratamiento, de operaciones y hospitales como unánime «tarea de vida» que daba sentido a su juventud y fuerzas a su entereza.

Enseguida diré cómo Treya completó esa «tarea de su vida», pero antes voy a citar experiencias de algunos médicos hacia un trato más humano, más sabio, más completo, más «holístico» de cualquier enfermo en cualquier enfermedad. La especialización progresiva de cada rama de la medicina lleva a un trato cada vez más milimétrico de una dolencia, un área, un síntoma. Y la ética prevalente de etiqueta profesional entre médico y paciente crea frialdad en el trato y distanciamiento en una relación vital para el buen desarrollo de cualquier tratamiento. Un médico cuenta expresiones como «¿Qué tal el hígado de ayer?», entre dos cirujanos para referirse a un enfermo que había sido operado del hígado el día anterior y cuyo proceso comentaban como parte de la conversación del día. Ya no era ni una persona, ni un rostro, ni siquiera un nombre o una voz, sino solamente «el hígado de ayer». Una víscera. Lo mismo podía haber sido un plato en el menú del almuerzo de la víspera. «¿Qué tal el hígado de ayer?» Suculento. Ya no sabemos si se trataba de un restaurante o de un quirófano. Y el que lo paga es el paciente. Despersonalización del trato. Eso no puede ser bueno.

Rachel Naomi Remen cuenta su propia experiencia como médico en un hospital de niños:

«Cuando trabajaba como médico interno en la sección de pediatría, solía besar a los niños en secreto. Era una conducta tan "poco profesional" que procuraba que no me viera nadie. Por las noches, con el pretexto de verificar un vendaje quirúrgico o un goteo, me daba una vuelta por la planta y entraba a dar un beso de buenas noches a los niños, arropándolos y asegurándome de que tuvieran cerca su peluche favorito. Nunca he confesado esta dimensión de mi faceta profesional a nadie, temiendo que los demás residentes, en su mayoría hombres, se burlaran de mí. Al cabo de un tiempo dejé de besar a los niños. No valía la pena exponerme a ser descubierta» (*El buen camino de la sabiduría*, p. 82).

Más divertido es el caso del cirujano Bernie S. Siegel, quien, frustrado como persona ante la distancia profesional y la fría impersonalidad impuestas por códigos y costumbres vigentes y vigiladas a lo largo de su carrera médica, dice, no sin humor, que en un momento de su práctica hospitalaria pensó seriamente en hacerse veterinario, «porque los veterinarios pueden al menos acariciar a sus clientes». Los animales salen ganando.

El mismo cirujano, que quiere que se le llame Bernie, nos recuerda que la palabra «hospital» viene del latín *hospes*, que quiere decir «huésped», pero que pocos hospitales parecen realmente casas de hospitalidad; todos son iguales, monótonos, clónicos, blanqueados, desinfectados, fenolizados, apresurados, mecanizados, puntualizados, donde los «anfitriones» de blanco y verde hacen los honores a quienes son sus «huéspedes» a pesar suyo. Tiene ocurrencias que al menos suenan imaginativas: «¿Por qué los constructores de hospitales no dan mayor belleza a los techos, ya que los enfermos pasan tanto tiempo contemplándolos?».

La observación no es puramente una broma, sino consecuencia lógica de una actitud que merece consideración, y es que la enfermedad —y en consecuencia la curación— no es incumbencia exclusiva del cuerpo aislado, sino de la mente y el alma, del conjunto «holístico» que estamos contemplando. Por eso el arte, el bienestar, el sentimiento, el ambiente... tienen tanta importancia en la curación de la enfermedad como las medicinas y el tratamiento. Bernie cita al doctor Franz Alexander: «El hecho de que la mente rija el cuerpo, a pesar de que se olvida en biología y medicina, es lo más importante que conocemos sobre el proceso de la vida»; y a Sir William Osler: «La tuberculosis tiene más que ver con lo que hay en la cabeza del paciente que con lo que hay en sus pulmones».

Todo su libro, *Amor, medicina milagrosa* (1991) está lleno de casos clínicos —él documenta científicamente docenas de ellos— en los que pacientes desahuciados por procedimientos tradicionales recobran la salud ante un tratamiento humanizado. Su mujer le sugirió un término que a mí, como podrá fácilmente comprenderse, me encantó al leerlo. Le dijo que él, como médico, podía ejercer todo ese trato humanizante con sus pacientes en medio del más rutinario hospital si acertaba a tratarlos «sacerdotalmente». El sano deseo de vivir, en contra del pesimismo desesperado ante la muerte, es el mejor clima para una curación efectiva. Expresa así su experiencia:

«Personalmente, yo siento que dentro de nosotros tenemos mecanismos biológicos de "vida" y de "muerte". Otras investigaciones científicas de médicos y mi propia experiencia clínica día a día me han convencido de que el estado de la mente cambia el estado del cuerpo actuando, a través del sistema nervioso central, el sistema endocrino y el inmunológico. La paz en el cerebro envía al cuerpo un mensaje de «vida», mientras que la depresión, el temor y los conflictos no resueltos dan su mensaje de «muerte». De esta forma, todas las curaciones son científicas, aun cuando la ciencia no pueda aún explicar cómo se producen los inesperados "milagros"» (p. 12).

La manera como reaccionamos ante diagnósticos, temores, estadísticas, marca el camino que ha de seguir la enfermedad. El médico habla con tono distinto, sin caer él mismo en la cuenta, al hablar con un paciente de cáncer. Recuerdo una experiencia personal. Cuando yo fui a recoger el resultado de una biopsia mía a un laboratorio, la enfermera que me entregó mi hoja y sabía el resultado me miró con una compasión evidente en su rostro, que no tenía al distribuir sus hojas a los demás clientes en la cola. Había leído en mi hoja la palabra «melanoma» y sabía lo que era. El nombre del peor cáncer de piel. Yo me salvé, pero hay quienes se ven hundidos por la misma palabra. Bernie cuenta un caso, divertido en medio de la tragedia, de un enfermo que no se atrevió a desafiar a las estadísticas.

Es sabido que tales estadísticas son sólo aproximadas, y que el caso concreto puede siempre salirse del marco de porcentajes. Siempre hay lugar a la esperanza y al esfuerzo, aun bajo los peores baremos. Pero alguien no se atrevió a contradecir a los números, con los que había vivido toda su vida:

> «Un asesor financiero que hacía seguros de vida de acuerdo con las estadísticas vino a verme por un cáncer de hígado. Su oncólogo le dijo lo que anunciaban las estadísticas sobre su caso, y desde ese momento se negó a luchar por sobrevivir. Dijo: "He pasado mi vida haciendo predicciones basadas en las estadísticas, y éstas ahora me dicen que debo prever mi muerte. Si no me muero, toda mi vida carecerá de sentido". Se encerró en su casa y murió» (p. 31).

Si la mente se somete al veredicto estadístico, el cuerpo obedece. Si la mente afirma su derecho vigente y su deseo razonable de vivir, el cuerpo colabora y pone en marcha mecanismos ocultos que activan procesos y regeneran tejidos. Hay que volver al conjunto total de todo nuestro ser, y nutrir neuronas y leucocitos en el cuerpo con la fe y la oración y la meditación que nos salen del alma. La totalidad es lo que nos salva. Enteros vivimos y enteros morimos, y enteros nos hemos de sanar. Bernie cita, entre otros, un caso que, por ser de la India, me interesa de cerca:

> «Las aldeas de la tribu abujmarhia de la India central son excelentes ejemplos de las circunstancias que favorecen la longevidad. Los abujmarhia gozan de un entorno libre de polución, una dieta totalmente natural, ilimitadas relaciones sexuales comenzadas en la adolescencia antes del matrimonio, trabajo sosegado, aunque a veces agotador, en el campo durante el día, bailes y contar cuentos por la noche, y mucho descanso. El cáncer es completamente desconocido entre ellos» (p. 90).

La globalidad de la vida en persona, familia y tribu es el mejor ambiente donde florece la salud integral. Hemos considerado el cuerpo humano como una ciudadela cerrada, sometida a los ataques de contagios, virus, microbios y bacterias que vienen de fuera como ejércitos enemigos de tribus extrañas que nada tienen que ver con nosotros y que vienen a invadir nuestro territorio y conquistar nuestras defensas en guerra injusta de conquista mortal que acabará haciéndonos perder a nosotros nuestro territorio, nuestro cuerpo, nuestra vida, si no conseguimos rechazar a tiempo el ataque y echar fuera al agresor. Esa imagen es absolutamente común, y totalmente falsa. La enfermedad sale de nosotros mismos. Los gérmenes de toda clase de enfermedades están siempre fuera, rodeándonos en el ambiente, resbalando por nuestra piel, visitando nuestros pulmones, nuestra garganta, nuestras entrañas, y observando y esperando pacientemente a que bajemos nuestras defensas por algún resquicio y nos dejemos vencer en derrotas parciales, siempre encaminadas a la derrota total. Los gérmenes están allí; nuestra situación individual es la que determina sus efectos. La enfermedad es la interacción de nuestro bienestar-malestar interno con los factores circundantes del ambiente favorable o desfavorable, del que también formamos parte indivisible.

Una simple reflexión de experiencia diaria aclara y endorsa la idea. Cien personas permanecen dos horas en el mismo salón cerrado durante una fiesta. Hay gérmenes de todo tipo volando por el aire limitado, paseando por la piel de quienes se dan la mano y aparcados en los labios de quienes se besan, saliendo disparados en los que tosen, pululando alegremente por sillas y sillones, enterrados secretamente en los entremeses y canapés. Y todos ellos disfrutan de su fiesta paralela, tratando de pasar de los invitados contagiados a los sanos, que es el número más interesante en su programa. El ataque es universal e indiscriminado.

Al día siguiente, entre los invitados ya vueltos a sus casas, alguien ha pillado un catarro, alguien tiene colitis, alguien se rasca el comienzo de un herpes en el labio inferior, alguien se diagnostica conjuntivitis en el ojo izquierdo. Y todos los casos son verdad, y todos vienen de la fiesta del día anterior. Sin embargo, el resto de los invitados salió inmune, sin catarro ni colitis ni herpes en el labio inferior ni conjuntivitis en el ojo izquierdo. La fiesta era la misma —para los invitados y para los microbios—, pero los organismos eran distintos, y el estado de fortaleza o de debilidad en que se encontraba cada uno era distinto. Y el resultado médico fue distinto.

Luego nos quejamos: «Pillé el catarro en la fiesta». Es verdad. Pero tu vecino no lo pilló. Y estuvo en la misma fiesta. Eso quiere decir que al germen lo acogió el organismo que estaba preparado para ello. El tuyo lo estaba, y el de tu vecino no. De ahí la diferencia. Esto cambia grandemente el enfoque del diagnóstico y de la salud. Cuando yo enfermo, ya sea de un catarro pasajero o de un cáncer persistente, no he de ponerme a buscar la causa principal en el entorno, la contaminación, los contagios o la herencia genética, sino primero y principalmente en mí mismo. Mejor dicho, en la totalidad de mi ser y mi ambiente, mi familia y mis relaciones personales, mi trabajo y mi ocio, mi dieta y mi ejercicio, mi estado de ánimo y mi espíritu de fe, mi organismo entero y el mundo entero que me rodea y me llena y se refleja en mi vida entera y en todas sus consecuencias diarias. Yo soy el que fui a la fiesta, y yo soy el que salgo sano o acatarrado de ella.

No vale decir: «En Madrid hay mucha gripe este invierno». La gripe está en mí.

Bernie mantiene el mismo principio desde su postura clínica de médico profesional con extensa experiencia:

«La medicina se enfrenta a la enfermedad dándole una orientación equivocada. Sigue actuando como si la enfermedad se apoderase de la persona, sin comprender que es ésta la que contrae la enfermedad al hacerse sensible al germen de la dolencia, al cual todos estamos expuestos constantemente. Aunque los mejores médicos lo saben bien, la medicina, globalmente, ha estudiado muy poco a las personas que no enferman, a los sanos. La mayoría de los médicos apenas consideran que la actitud de un paciente hacia la vida conforma la longitud y la calidad de esa vida» (p. 11).

La enfermedad no ataca al azar. Viene cuando la invitamos. De ahí la importancia de sabernos y analizarnos y conocernos para no sentirnos sorprendidos y desmoralizados al primer resfriado. Y la importancia, también, de sentir nuestra salud para potenciarla, y nuestra enfermedad para entenderla, no como enemigos condenados a luchar, sino como estados complementarios de nuestro ser que nos hablan en cada momento y nos reflejan lo que somos y lo que podemos ser si integramos en nuestra conciencia activa la realidad completa de todo lo que somos y todo lo que nos rodea en unidad hermana. Todo nos ayuda a entendernos mejor, y la enfermedad es tan parte de la vida como la salud, porque todo es parte de un todo. He dicho al principio que el enfermo es un profeta con un mensaje de Dios que hizo nuestros cuerpos y nuestras almas y nos recuerda nuestros aciertos y nuestros fallos y nos advierte de peligros futuros. Esa profecía hay que buscarla, no ya sólo en los demás, sino en nosotros mismos. Todos somos enfermos en algún momento y en alguna manera, todos tenemos altos y bajos de cuerpo como de ánimo, y todos podemos aprender en nuestra fortaleza y en nuestra flaqueza cómo vivir mejor para nuestro bien y el de todos quienes nos rodean, y cómo, eventualmente, morir mejor. Ésa es nuestra «tarea de vida».

Listos para partir

En el siglo XXI nos seguiremos muriendo. Aunque, si las predicciones son verdad, se llegará a los 130 años como expectativa media de vida. Casi el doble de lo que era a principios del siglo XX. Pero de todos modos se llegará a un final. El cambio puede estar en que ese final no sea tan personalmente temido ni inmoralmente manipulado como lo era a principios de siglo. En eso sí podemos avanzar, y ya se está avanzando. Desde el punto de vista religioso, el Dios justiciero y vengador de predicadores pasados pero recientes (ya he dicho que yo me incluyo entre ellos en la primera etapa de mi ministerio sacerdotal) va cediendo paso, en la predicación actual, al Dios compasivo y misericordioso con el amor incondicional de la madre que no se olvida del hijo de sus entrañas (Is 49,15) y del padre que espera día a día y abraza sin reproche al hijo que vuelve del libertinaje (Lc 15,20). Y desde el punto de vista psicológico, así como la enfermedad no se ve como enemigo, sino como parte integral del compuesto humano en su desarrollo desde un inicio de concepción y nacimiento hasta una madurez personal en una nueva vida que va floreciendo y llega a su plenitud en la presente realidad, así la muerte pasa a ser un tránsito esperanzador a una beatitud feliz, en vez del trauma espeluznante y riesgo inminente que despertaba terrores implacables en conciencias timoratas y sumisas. La imagen de la muerte está cambiando del esqueleto ambulante con el reloj de arena, la guadaña y el velo negro que preside las medievales Danzas de la Muerte por los muros de nuestras catedrales y los pergaminos de nuestras bibliotecas, a la luz entrañable, el ángel acogedor, el paisaje abierto y las voces de bienvenida de que nos hablan, entre fe y poesía, quienes han llegado a las fronteras entre la vida y la muerte y nos aseguran que nada tienen de temible.

Treya, de quien he hablado en el capítulo anterior, murió de cáncer a los cinco años de detectar la primera sospecha. Esos cinco años son una historia de cómo se puede llegar a la muerte como desarrollo normal de la vida, como su continuación, su plenitud, su fruto; no como un fin, como un corte abrupto, como una catástrofe inevitable. Cuando supo la gravedad de su condición, escribió:

«Debo equilibrar las ganas de vivir con la aceptación de la muerte. Ambas son necesarias. Debo aprender a equilibrar esas dos facetas de mi ser. Siento que ya acepto la muerte, pero me preocupa pensar que eso signifique que quiero morir. ¡No es eso! No es que quiera morir; es que, sencillamente, le he perdido el miedo a la muerte» (p. 77).

Expresa claramente una observación muy aguda: «Había caído en una vieja y conocida trampa. Estaba equiparando el éxito del tratamiento con la recuperación» (p. 413). Verdad profunda. El verdadero tratamiento no se dirige a curar sólo el órgano enfermo, sino a sanar a la persona entera, y esa sanación integral puede llegar y producirse al madurar ya en plenitud la persona entera hacia el fin orgánico de la existencia desarrollada en esta vida, para pasar suavemente a la próxima. Otra experta en la misma materia, la doctora Carolyne Myss, escribe en el mismo sentido:

«Para mí fue muy importante comprender que la "curación" no siempre significa que el cuerpo físico se recupere de una enfermedad. Curación puede significar también que el espíritu de la persona se libera de miedos y pensamientos negativos, hacia sí misma o hacia otras personas, que ha tenido durante mucho tiempo. Este tipo de liberación y curación espiritual puede producirse aunque el cuerpo físico muera» (*Anatomía del espíritu,* 1997, p. 20).

Esto es lo que de alguna manera sintió Treya, y tuvo la lucidez y la iniciativa de comunicárnoslo generosamente. En una conferencia que dio en un congreso de médicos en Windstar, cuando ya estaba muy avanzado su cáncer, y que fue el punto culminante del congreso, dijo lo siguiente:

«Es fácil hablar y reconocer las acciones externas, pero resultan mucho más interesantes los cambios internos y la sensación de salud creciente a niveles más elevados que el físico, que acompañan al trabajo espiritual que llevo a cabo diariamente.

Cuando descuido mi trabajo interno, me aterro ante el peligro inminente de morir, me deprimo o, simplemente, me aburro. Pero el trabajo interno me resulta muy emocionante y me permite comprometerme profundamente con la vida. Los altibajos emocionales que acompañan al cáncer constituyen una maravillosa oportunidad para practicar la ecuanimidad y, al mismo tiempo, aumentar nuestro compromiso con la vida.

El hecho de aprender a hacer las paces con el cáncer y con la posibilidad de una muerte precoz y tal vez dolorosa, me ha enseñado a hacer las paces conmigo misma, tal y como soy y, de ese modo, hacer las paces con la vida, tal y como es.

Sé que hay muchas cosas que no puedo cambiar. La aceptación creciente de la vida tal y como es, con todo su pesar, su dolor, su sufrimiento y su tragedia, me ha aportado una especie de paz. Cada vez me siento más auténticamente conectada con todos los seres que sufren, me siento más abierta, más compasiva y experimento un mayor deseo de ayudar a los demás.

El hecho de no poder seguir ignorando la muerte me hace prestar más atención a la vida» (*Gracia y coraje*, p. 414).

Cuando terminó la conferencia, toda la audiencia —varios centenares de personas— se puso en pie para ovacionarla. Mucha gente lloraba, y el cámara había dejado de filmar. Unas semanas después dijo suavemente a su esposo: «Una semana más». Una semana más, y manifestó: «Me voy a marchar». Ken narra el resto:

«Entonces respondí:

—Bien—. Y la tomé en brazos para subirla escaleras arriba.

—Espera, mi amor; quiero escribir algo en mi diario —dijo.

Fui a buscar su diario y un bolígrafo y, en grandes letras mayúsculas, escribió: "¡Hace falta gracia, sí; y coraje!"

Luego me miró y preguntó:

—¿Comprendes?

—Creo que sí —repliqué. Y me quedé en silencio. No era necesario decir lo que pensaba, ella ya lo sabía.

—Vamos, cariño. Deja que suba a mi chica escaleras arriba.

El insigne Goethe escribió una frase muy hermosa: "Todo lo que está maduro desea morir". Treya estaba ya madura y quería morir. Al verla garabatear esas palabras, yo pensé que resumían perfectamente toda su vida: gracia y coraje. [Ése es el título del libro]. Ser y hacer. Ecuanimidad y pasión. Rendición y voluntad. Total aceptación y fiera determinación. Su último mensaje sintetizaba esas dos facetas de su alma, esos dos aspectos con los que había luchado durante toda su vida, esas dos caras que, al fin, había conseguido fundir en un todo armonioso. Yo la había visto integrar esos dos lados; yo había visto cómo esa equilibrada armonía había impregnado todos los aspectos de su vida; yo había visto cómo esa apasionada ecuanimidad había llegado a ser la expresión de su alma. Treya había cumplido ya su único, su principal y omnipresente objetivo vital. Y esa realización había sido brutalmente puesta a prueba en circunstancias tales que habrían hecho añicos cualquier realización de menor entidad. Ella lo había conseguido: había madurado esa sabiduría; y quería morir.

Así que llevé en brazos a mi querida Treya escaleras arriba por última vez» (pp. 453-454).

Bien pudo llamarle «la tarea de su vida». Salud y enfermedad, alegría y sufrimiento, vida y muerte como hilos de una misma trama y colores de un mismo cuadro. Es decir, facetas de una misma vida. El final de nuestra vida puede ser tan bello como la vida misma en sus mejores momentos, si sabemos y queremos integrar el fin con el principio y el medio. No más esqueletos ni calaveras para asustar a quienes vivimos todavía de cuerpo entero.

El gran poeta peruano César Vallejo ha expresado radicalmente la función de la muerte como expresión, resumen y consumación de la vida entera en su último sentido y perfección:

«¡Haber nacido para vivir de nuestra muerte!
En suma, no poseo
para expresar mi vida
sino mi muerte».

La soledad es terrible en la vida, pero puede serlo más aún en la muerte. No me refiero a morir sin nadie al lado, sino a tener a todos los parientes y amigos que se quiera alrededor del lecho durante toda la última enfermedad, con médicos y enfermeras y todo lo que haga falta, pero sin que nadie se atreva a mencionar lo que todos saben, y es que la enfermedad es mortal y la muerte está próxima, mientras todos, incluyendo la persona enferma, hablan de nuevos tratamientos y mejoras y seguridad de curación, en vez de aprender a hablar y escuchar sobre la muerte que llega pronto sin que nadie haya hecho alusión ninguna a ella. En ese sentido, el enfermo se «muere» solo, aunque esté rodeado de gente, porque no le han acompañado en su muerte, sino solamente en su enfermedad. Y esa soledad aísla a la persona de la realidad que la envuelve y la espera, y le hace llegar a la muerte sin preparación, sin entrenamiento, sin compañía. Hay que acompañar a los seres queridos no sólo en su eclipse físico, sino en su despedida moral de todo lo que les ha rodeado, del entorno familiar y querido, de nosotros mismos. Esa actitud facilita grandemente los roces de la última despedida y suaviza el paso de esta vida a la próxima. El primer paso para aprender este arte es caer en la cuenta de su necesidad, y luego el irlo practicando con los demás para cuando nos llegue el momento de practicarlo nosotros mismos en nuestra despedida, aprendiendo el nuevo lenguaje de hablar claro para sanar la soledad y morir sabiendo que se muere.

El médico Sherwin B. Nuland, en su sorprendente libro *Cómo morimos* (1995), nos acerca a la realidad de la muerte, primero con precisión delicadamente biológica, y luego con exposición y análisis de casos y ejemplos «para liberarnos del miedo a esa *terra incognita* y encontrar en nuestra familiarización adelantada con ella la respuesta a la oración del poeta Rainer Maria Rilke cuando rezó: "Oh Señor, danos a cada uno nuestra propia muerte"». Él aprendió por experiencia propia en casos como el de la enfermedad y muerte de su anciana tía Rose:

> «Aunque no había ninguna duda de que Rose sabía que estaba a punto de morir de cáncer, nunca le hablamos de ello, ni ella lo mencionó. Ella se preocupaba por nosotros, y nosotros por ella, creyendo cada uno que la otra parte no podría

soportarlo. Sabíamos cuál sería el final, lo mismo que ella lo sabía; pero nos convencimos de que no lo sabía, y ella debió de convencerse de que nosotros no lo sabíamos, aunque debió de saber que lo sabíamos. Así, nosotros también representamos el antiguo drama que con tanta frecuencia ensombrece los últimos días de los enfermos de cáncer: lo sabíamos, ella lo sabía, sabíamos que ella lo sabía, ella sabía que nosotros lo sabíamos, y nadie hablaba de ello cuando estábamos juntos. Mantuvimos la mascarada hasta el final. Como nosotros, Rose se vio privada de esa unión que debería haber tenido lugar cuando por fin le hubiéramos dicho todo lo que su vida nos había aportado. En ese sentido, mi tía Rose murió sola» (p. 229).

La mejor manera de entrenarnos para la muerte es hacerla parte de la vida. Saber integrarla en la realidad total de nuestra existencia, y no separarla como un tabú ingrato del que apenas se habla y del que nunca se piensa como algo opuesto a la vida, que es lo único que conocemos. Acompañar a otros consciente y sabiamente en sus despedidas puede ayudarnos a llevar a cabo mejor un día las nuestras.

Elisabeth Kübler-Ross ha sido llamada justamente «la doctora que sabe más de las muerte», ya que dedicó casi toda su vida profesional al cuidado de enfermos terminales. Su propia vida no ha carecido de pruebas y dificultades. Fue la primera de tres trillizas, con 900 gramos de peso al nacer; la echaron de clase por protestar contra el pastor protestante, que pegaba a las niñas; su padre la echó de casa de joven porque se negó a ser su secretaria; los médicos de su hospital le hicieron el vacío cuando empezó a interrogar a enfermos terminales; sus vecinos mataron a tiros a sus animales y reventaron las ventanas de su casa cuando declaró que iba a adoptar a niños enfermos de SIDA, y quemaron su centro de curación (al que dio el nombre sánscrito *Shanti Nilaya,* que a mí me encanta por ser indio, y que a ella por lo visto se le ocurrió en un sueño, sin saber lo que significaba hasta que lo preguntó; quiere decir «Morada de paz»), con todas sus pertenencias y papeles de importancia. Y, sobre todo, sufrió la incomprensión y el prejuicio de quienes no entendían su labor de acompañar a quienes morían de muerte clínica, pero de alguna manera volvían a la vida y contaban lo que habían visto. A los setenta y un años sufrió dos embolias cerebrales y escribe su fascinante autobiografía desde la silla de ruedas.

> «En enero de 1997, cuando escribo este libro, puedo decir sinceramente que estoy deseando pasar al otro lado. Estoy muy débil, tengo constantes dolores y dependo totalmente de otras personas. Puesto que soy muy tozuda y desafiante, tengo que aprender mis últimas lecciones del modo difícil. Igual que todos los demás. En estos momentos estoy aprendiendo la paciencia y la sumisión. Por difíciles que sean estas lecciones, sé que el Ser Supremo tiene un plan. Sé que en su plan consta el momento correcto para que yo abandone mi cuerpo como la mariposa abandona su capullo. Nuestra única finalidad en la vida es crecer espiritualmente. A mis setenta y un años puedo decir que he vivido de verdad. La lección última es aprender a amar y a ser amados incondicionalmente» (p. 373).

Se llegó a especializar en la que en cierto sentido es la muerte más dolorosa, por ser la de niños que comienzan la vida y parece ser tan injusto tengan que marcharse cuando apenas la han comenzado. Es de quienes más aprendió y con quienes más nos enseña. Los niños saben lo que quieren para morir en paz, y lo dicen si les sabemos escuchar. En su vivacidad y su inocencia, son nuestro gran ejemplo de cómo vivir la vida... y vivir la muerte. Voy a reproducir un solo caso aleccionador.

> «Jeffy no paraba de entrar y salir del hospital. Estaba muy mal cuando lo vi por última vez. Se le había caído todo el

pelo después de la quimioterapia. Yo sabía que a ese niño le quedaban, como mucho, unas pocas semanas de vida. Cuando entré en la habitación, oí que el médico decía a sus padres que iba a intentar otra quimioterapia.

Les pregunté a los padres y al médico si le habían preguntado a Jeffy si estaba dispuesto a aceptar otra tanda de tratamiento. Dado que los padres lo amaban incondicionalmente, me permitieron hacerle la pregunta al niño delante de ellos. Jeffy me dio una respuesta preciosa, de ese modo en que hablan los niños: "No entiendo por qué ustedes, las personas mayores, nos hacen enfermar tanto a los niños para ponernos bien", dijo sencillamente.

Ese niño tenía suficiente dignidad, autoridad interior y amor por sí mismo para atreverse a decir "No, gracias" a la quimioterapia. Sus padres fueron capaces de oír ese "no", respetarlo y aceptarlo. Después quise despedirme de Jeffy, pero él me dijo: "No, quiero estar seguro de que hoy me llevarán a casa".

Si un niño dice: "Llévenme a casa hoy", significa que siente una enorme urgencia, y tratamos de no aplazarlo. Por lo tanto, les pregunté a sus padres si estaban dispuestos a llevárselo a casa. Ellos lo amaban tanto que tenían el valor necesario para hacerlo. Nuevamente quise despedirme. Pero Jeffy, como todos los niños, que son terriblemente sinceros y sencillos, me dijo: "Quiero que me acompañe a casa".

Yo consulté mi reloj, lo que en lenguaje simbólico significa: "Es que no tengo tiempo para acompañar a casa a todos mis niños, ¿sabes?" No dije ni una sola palabra, pero él lo entendió al instante. "No se preocupe -me dijo-, sólo serán diez minutos".

Lo acompañé a su casa, sabiendo que en esos próximos diez minutos él iba a concluir su asunto pendiente. Fuimos en coche con sus padres, y nos apeamos en el garaje de su casa. Con mucha naturalidad, Jeffy le dijo a su padre: "Baja la bicicleta de la pared".

Jeffy tenía una flamante bicicleta sin estrenar, que colgaba de dos ganchos en la pared del garaje. Durante mucho tiempo, su mayor ilusión había sido poder dar, por una vez en su vida, una vuelta a la manzana en bicicleta. Su padre le había comprado esa preciosa bicicleta, pero, debido a su enfermedad, el niño nunca había podido montarse en ella, y la bici llevaba tres años colgada en la pared. Y en ese momento Jeffy le pidió a su padre que la bajara. Con lágrimas en los ojos le pidió también que le pusiera las ruedecitas laterales. No sé si se dan cuenta de cuánta humildad necesita tener un niño de nueve años para pedir que le pongan a su bicicleta esas ruedas de apoyo, que normalmente sólo utilizan los niños pequeños.

El padre, con lágrimas en los ojos, colocó las ruedas laterales a la bicicleta de su hijo. Jeffy estaba tan débil que parecía estar borracho, apenas si podía tenerse en pie. Cuando su padre acabó de atornillar las ruedas, Jeffy me miró a mí: "Y usted, doctora Ross, usted está aquí para sujetar a mi mamá, a fin de que ella no se mueva".

Jeffy sabía que su madre tenía un problema. Lo que ella necesitaba era tomar en brazos a su hijo tan enfermo, montarlo en la bicicleta como a un crío de dos años y agarrarlo bien fuerte mientras él pedaleaba alrededor de la manzana. Eso habría impedido que el niño obtuviera la mayor victoria de su vida. Por lo tanto, sujeté a su madre, y su padre me sujetó a mí. Nos sujetamos mutuamente, y en esa dura experiencia comprendimos lo doloroso y difícil que es a veces dejar que un niño vulnerable, enfermo terminal, obtenga la victoria exponiéndose a caerse, hacerse daño y sangrar. Pero Jeffy ya había emprendido la marcha.

Transcurrió una eternidad hasta que por fin volvió. Era el ser más orgulloso que se ha visto jamás. Lucía una sonrisa de oreja a oreja. Parecía un campeón olímpico que acabara de ganar una medalla de oro. Con mucha dignidad se bajó de la bicicleta, y con gran autoridad le pidió a su padre que le quitara las ruedas laterales y se la subiera a su dormitorio.

Después, sin el menor sentimentalismo, de modo muy hermoso y franco, se volvió hacia mí: "Y usted, doctora Ross, ahora puede irse a casa"» (pp. 247-250).

El final de la historia no es menos emotivo. Jeffy pidió que enviasen a su hermano menor a su cuarto cuando volviese del colegio. Así lo hicieron, y los dos hermanos hablaron sin decir nada a sus padres. Jeffy murió la semana siguiente, pocos días antes del cumpleaños de su hermano. Éste contó entonces lo sucedido entre su hermano y él. Jeffy le había dicho aquel día que quería obsequiarle con su amada bicicleta como regalo de cumpleaños, pero que, como ya no iba a vivir para ese día, se la daba ya desde ahora...; pero con una condición: que no usara jamás aquellas malditas ruedecillas laterales.

Cuánta dignidad, ternura, sabiduría y transparencia hay en ese sencillo relato. Ante una de las cosas más trágicas de este mundo, que es la muerte de un niño, el propio niño se porta con una entereza, espontaneidad, sinceridad y humildad que nos arrebatan el alma a los que tanto complicamos el acceso a nuestros últimos momentos. La doctora Ross cuenta innumerables casos (ha estudiado mas de 20.000) en que sus pacientes han tenido «la experiencia del túnel», es decir, el estar clínicamente muertos, tener un destello de lo que les esperaba en la otra orilla, y volver para contarlo. No voy a citar ninguno de sus testimonios, porque tengo a mano uno más cercano de una joven riojana —como yo— que responde exactamente a los casos del otro continente, mientras guarda su independencia y originalidad.

Olga Bejano perdió la voz cuando tenía 23 años. Desde entonces, hasta los 33 que tiene a la hora de escribir su autobiografía (*Voz de papel,* 1997), ha sufrido numerosas intervenciones quirúrgicas, pero no ha hablado, y se comunica garabateando pacientemente en su cuaderno. Entre los muchos momentos bellamente emotivos de su historia se encuentra éste, que nos atañe en este momento:

«Tuve una experiencia paranormal durante el coma, algo que he de asimilar aún y de lo que no hablaba por temor a no ser comprendida. Pero cierto día, cuando ya tenía suficiente confianza con el doctor Monzón, le conté lo sucedido. Él, como médico intensivista, ya había oído contar alguna vez la famosa experiencia del túnel y se mostraba más bien escéptico ante esos temas; prefería creer en lo estrictamente científico, en lo que puede ser objeto de medición. Pero a pesar de ello, me preguntó: "¿Cómo sucedió?" Yo comencé mi relato.

Me asfixié en casa. A los tres o cuatro minutos, tuve una parada cardíaca e ingresé en Urgencias. Me trasladaron en coma profundo a la UCI. Al parecer, yo estaba en la cama, llena de sondas y tubos. Los médicos manipulaban mi cuerpo, pero no sentí nada de lo que me hicieron, aunque me conectaron sondas de todo tipo, me inyectaron suero en vena, me entubaron para unirme al respirador mecánico y me golpearon el pecho para sacarme de la parada cardíaca. Mientras todo esto sucedía, yo estaba en otra dimensión, en el más allá.

Al principio lo pasé mal; me sentía confundida, como Alicia en el País de las Maravillas. Era una especie de túnel oscuro; yo sabía que no era de este mundo, pero, como desconocía dónde estaba, corría y corría desesperadamente hacia el final del túnel, intentando encontrar una salida. Luego me quedé dormida. Así dormida en el túnel abrí los ojos y vi una luz intensa, preciosa, maravillosa, que me atraía como un imán hacia su centro. No sentía miedo ni angustia; ya no quería despertarme en mi habitación, sólo quería llegar a la luz. Alguien, al fondo, pronunciaba mi nombre, y una mano me hacía señas para que me acercara: "Ven, Olga, ven". Sentía una paz y un bienestar muy grandes, tanto que no pueden describirse, pues en este mundo no hay sensación que produzca un placer y un bienestar parecidos.

Mi gozo, sin embargo, duró poco. Casi a punto de llegar a la luz, oí un grito de angustia; era la voz de mi hermano Javier: "¡Olga, lucha, no te rindas! ¡Lucha, que tú puedes! ¡No te vayas!", decía sollozando. Ahí empezó mi lucha, pues comprendí que estaba en el umbral de la muerte, y si la muerte era eso, realmente resulta maravilloso, tanto que no quería volver. Se estaba bien allí. La persona que estaba en la luz, al final del túnel, dejó de llamarme, limitándose a observarme. Yo permanecía quieta, apoyada en la pared del túnel, intentando decidir adónde ir. En mi cabeza resonaba la voz de mi hermano Javier, y me hacía sentir apenada. Debía de quererme mucho para gritar con tanta desesperación; y, aunque yo sabía que me quería, nunca hubiera imaginado que tanto. Él tampoco podrá imaginar nunca cuánto le quiero; y debe de ser muchísimo, pues me hizo abandonar una sensación maravillosamente placentera para volver a este mundo. Creo que si no hubiese oído su voz no habría vuelto, aunque tal vez aquella no fuera mi hora; sólo Dios lo sabe.

Cuando volví a la vida y me explicaron todo por lo que había pasado, Mamen —una amiga de la familia— me comentó impresionada el cariño que me tenía mi hermano y su comportamiento de aquella noche; le dije que ya lo sabía, pues le había oído. Él, incrédulo y sonriendo, intentaba convencerme de que yo había estado en coma y no había podido oírle. Entonces yo cogí el cuaderno y le transcribí exactamente sus palabras. Todos quedaron perplejos» (pp. 81-83).

Lo importante de la experiencia, y de muchas similares (que la misma Olga encuentra después en otras amigas, reticentes siempre ante el fenómeno por miedo a no ser creídas, pero felices de contarlas a quienes también las han sentido, ya que «transforman la vida por completo y se siente la necesidad de compartirlas»), es la esperanza que comunican en confirmación de todo lo que nuestra fe afirma y nuestra convicción espera con la mayor de las ilusiones. Signo feliz de la creencia firme. Hay otra vida, nos esperan con certeza y cariño al otro lado, y lo que vamos a encontrar allá es mucho mejor que lo mejor que podamos haber conocido aquí. «Ni el ojo vio, ni el oído oyó, ni al corazón del hombre llegó lo que Dios preparó para los que le aman» (1 Cor 2,9).

Estos testimonios, felizmente multiplicados en nuestro tiempo como contrapeso al escepticismo y agnosticismo de moda en algunos ambientes acerca de todo lo que sea espiritual y sobrenatural, nos confirman en nuestras convicciones más íntimas y nos acercan a una comprensión más amiga de la muerte, que a todos ayuda porque a todos atañe. Esta concepción más amable de nuestro último fin está ganando terreno y nos está ayudando a ver el fin de la vida con mayor ecuanimidad y tranquilidad, en lugar de la angustia, la obsesión y el trauma que la acompañaban en tiempos cercanos. Al final de sus *Cartas a Marian y a la generación del 2000,* Pedro Miguel Lamet se anima a proponer «doce profecías para el tercer milenio», ya que, según dice con humor y acierto, «hay que atreverse; si no, la vida sería muy poco divertida». Y ésta es su profecía número diez:

> «*La muerte dejará de causar miedo y se verá con naturalidad.* Ya es un hecho, como te comentaba en una de mis cartas, que en muchas partes del mundo hay grupos que despiertan a una nueva forma de enfrentarse con el miedo a la muerte. Se enfoque como transición o como simple transformación de apariencia junto al mero hecho de no huir de la muerte, está cambiando la mentalidad frente a ella. En la medida en que sectores de la sociedad despierten y la miren como parte de la vida, irá desapareciendo la obsesión de que la muerte es una ruptura, para acercarnos a ella con paz, como algo conocido y aceptado» (p. 190).

La consoladora profecía ya se está empezando a cumplir. Este cambio de actitud ante la muerte es real y está ganando terreno. Su razón de ser es fácil de ver si conectamos ahora lo que dije al principio del libro con lo que estoy diciendo al final. (Esta figura de acabar por donde se empezó se llama en literatura hebraica «inclusión» y viene muy bien para atar cabos y completar concepciones.) He reseñado como uno de los rasgos típicos del siglo y del milenio la disminución del complejo de culpabilidad que tan importante papel jugó en nuestras vidas y en las de nuestros antepasados hasta las mismas estribaciones de nuestro propio siglo. La culpa lleva al miedo, y el miedo se activa con la consideración de la muerte. El pecado lleva al temor al castigo, y el temor al castigo se agudiza al acercarse el momento del examen final en la muerte, a la que convierte en encuentro temido con la justicia implacable que ha de condenar sin remedio a quien muera culpable, y culpables somos todos de alguna manera en nuestra fragilidad humana. Esa mentalidad universalmente fomentada convertía a la muerte en el trance más temible de nuestras vidas. La duda, la angustia, el temor. Ahora, al suavizar el sentido de culpabilidad, se calma el miedo y se relajan los nervios ante la muerte. Ya en nuestro tiempo, y cada vez más en el siglo futuro, moriremos mejor, porque se le tendrá menos miedo a la muerte, y se le tendrá menos miedo a la muerte porque se tendrá un menor complejo de culpabilidad, si es que no desaparece del todo. La cadena culpa-castigo-miedo-muerte que ha atenazado a generaciones, se está aflojando en la nuestra, y con ello la muerte está perdiendo su mortaja. La «hermana muerte», a la que sólo se atrevían a llamar así los santos, se está haciendo hermana de todos nosotros, y el parentesco ayuda.

He mencionado las consideraciones meditativas de la Primera Semana de los Ejercicios Espirituales de mi querido padre san Ignacio, que han formado una parte esencial y feliz de mi vida como ejercitante y como director —que en realidad todo es uno, pues la única manera que he conocido de «dar» ejercicios es «hacerlos» al mismo tiempo con el grupo una y otra vez, en creciente comprensión y fruto. Pero esos Ejercicios son hijos de su tiempo y reflejan inevitablemente el clima de culpa y miedo y vergüenza que rodeaban al pecado en conciencias medievales. Y eso, con la mejor de las voluntades en quien lo ideó y en quienes lo practicamos fielmente durante años, nos ha podido hacer algún daño. El «primer ejercicio» de toda la serie nos trae esta consideración: «Así mismo hacer otro tanto sobre el pecado particular de cada uno que por un pecado mortal es ido al infierno. [...] Digo hacer otro tanto por el pecado particular, trayendo a la memoria la gravedad y malicia del pecado contra su Criador y Señor, discurrir con el entendimiento, cómo en el pecar y hacer contra la bondad infinita, justamente ha sido condenado para siempre, y acabar con la voluntad como está dicho» (n. 52) Esta idea del «condenado al infierno por toda la eternidad por un solo pecado mortal» obsesionaba nuestras conciencias y daba lugar a los célebres cuadros retóricos de «la muerte del justo» y «la muerte del pecador», que incrustaban en el alma imágenes y expresiones de alto temor e hipotecaban la vida entera al momento de suprema y única importancia de la muerte. Yo, tristemente, he visto, en años felizmente dejados atrás, morir a religiosos y sacerdotes increíblemente convencidos de que se iban al infierno. Muy pocos casos, por fortuna, pero verdaderos. Era un espectáculo penoso, ante el que ni la psicología ni la teología podían hacer mucho por resolver el complejo atormentado vivido a través de una vida por demás modélica. A mi mejor Padre Espiritual de aquellos tiempos le encontraron en el cajón de su mesa después de su muerte un documento escrito y firmado por su mano en el que se comprometía oficialmente, mandado por su confesor, a no pensar en su salvación o condenación eterna. Había vivido siempre con esa angustia, que no creo aliviara mucho el documento archivado, pues un papel firmado no garantiza que no se vuelva a pensar en lo que se firma, sino más bien todo lo contrario. Lo que más me duele en el momento de escribir esta penosa pero necesaria página es mi visita en la clínica, hace sólo unos días, a un gran caballero cristiano de vida ejemplar en su familia, sociedad y trabajo, ya en ancianidad que le ha privado de movimiento, de independencia y casi de habla, y que debía prepararlo en su gran fe cristiana para el feliz desenlace en final recompensa que tan noblemente merece..., y que, sin embargo, sólo logró repetir penosamente estas palabras en la entrevista íntima y sentida: «Tengo miedo a la muerte..., tengo miedo..., tengo miedo». Y no había manera de consolar su aflicción y aliviar su despedida. ¡Desgraciada educación, que en niñez y adolescencia nos atemorizó con temores de muerte y juicio, infierno y condenación, y ahora amarga los últimos días de una vida vivida dignamente con el terror de una muerte temida servilmente! Que el dolor de esa experiencia me ayude a sanar las heridas de esa lamentada dolencia.

Es natural que, al irnos liberando de esos excesos —por cierto que con bastante velocidad en los últimos tiempos—, se nos aligere también el peso de la culpa y el miedo al examen final. Lo importante aquí, como en todo, es encontrar y mantener el equilibrio entre extremos, y evitar los excesos. Y en concreto, volver a descubrir el aspecto bienhechor de la muerte que corona la vida, justifica la fe e inaugura la eternidad. Bienvenida la Muerte, mensajera de Vida.

Los funerales judíos suelen acabar con esta frase, pronunciada por el rabino que oficia la ceremonia: «Que su memoria nos sirva de bendición». Pienso en este momento en la memoria de todos aquellos, ya muchos en mi edad, que he conocido en mi vida y que ellos han conocido ya la muerte y saben y viven en plenitud la alegría que nosotros comenzamos a adumbrar desde nuestra ventana entre penumbras. Fueron gente tan buena que no pueden menos de estar disfrutando con lo que nosotros penosamente tratamos de imaginar desde aquí. Que su memoria nos sirva de bendición. Bendición para vivir bien la vida y morir bien la muerte. Y para alegrar la muerte con la vida, y la vida con la muerte. Una vez más, y para siempre, todo es uno en vida y en muerte, porque la persona es una y la persona permanece. Listos para partir.

Pesadilla digital

Clara Haskil, nacida en Bucarest en 1895, llegó a ser, a pesar de una vida marcada por el sufrimiento en enfermedad, familia y guerra, y por un desgraciado final, al caer por las escaleras de la estación de tren de Bruselas, una de las mejores intérpretes al piano de Beethoven y Mozart que ha conocido la historia de la música. Arthur Grumiaux, belga, fue, en decir de Röseler, «el más alegre, dotado y apolíneo violinista de su tiempo». Ambos unieron su arte y sus instrumentos en una grabación histórica de las diez sonatas para violín y piano de Beethoven que ha permanecido como un hito irrepetible entre las docenas de grabaciones que después se han hecho. (¿Qué violinista que se respete puede resistirse a la fascinación de tocar y grabar la Sonata Kreutzer, que incluso inspiró a Tolstoy una obra literaria a la que puso el mismo nombre?) Pero esa grabación se hizo en el año 1956 y en «mono». Quedaba atrasada y perdida, con su imperfección técnica, sus ruidos, sus arañazos, su falta de estéreo, ante los adelantos de la técnica moderna.

Pero la técnica moderna puede también llegar al arte antiguo. Un equipo especial de sonido de *Sonic Solutions* redujo el disco antiguo a notación digital que iba separando el sonido procedente del piano y el violín del que procedía, de golpes o roces o toses o estornudos. Y luego se separaban los sonidos de la música de los del ambiente con una «microcirugía» que empleaba más de 53 millones de operaciones distintas por cada segundo de sonido (!).

Trabajo de ordenador, claro. Una vez limpias la melodía y la armonía, se unificaron en un nuevo disco... y el resultado fue la ejecución más sorprendente que jamás se ha oído de la integral beethoveniana. A pesar de seguir siendo «mono», sonaba y suena mejor que las últimas versiones con todo el virtuosismo de los intérpretes y los adelantos de los técnicos. Un ejemplo a mano en el mercado de lo que pueden hacer las mejores tecnologías al servicio del mejor arte.

Ése es el milagro «digital» que invade nuestro mundo. Es el lenguaje de las computadoras. Se reduce a dos símbolos, 0 y 1. Lo que en matemáticas llamamos el «sistema binario». En nuestra aritmética usamos el sistema decimal (con diez símbolos) sencillamente porque tenemos diez dedos, y en ellos aprendió la humanidad a contar. En la India, la rupia tradicional se dividía en 16 *anas*. ¿De dónde venía ese 16? Muy sencillo. Cada dedo de la mano, excepto el pulgar, tiene tres falanges, es decir, cuatro extremos de falanges, desde la que une el dedo a la mano hasta la misma punta del dedo, que también cuenta, y esos cuatro puntos se tocan rápida y sucesivamente con el pulgar libre para calcular cuentas, lo que da cuatro por cuatro dieciséis y explica las 16 *anas* en una rupia. El matemático Lagrange propuso introducir un sistema duodecimal de numeración en base doce, con doce símbolos, que tendría grandes ventajas prácticas, ya que el 12 es divisible por 2, 3, 4 y 6. Pero, aparte de casos excepcionales como el del célebre rector de la universidad estatal del Guyarat, Maganbhai Desai, que tenía doce dedos, con dos pulgares en cada mano, que tradicionalmente traen la buena suerte, seguimos teniendo diez dedos y seguimos haciendo cuentas basados en el 10.

Pero el ordenador no tiene dedos, y le resulta mucho más sencillo trabajar con sólo dos alternativas, que en sus circuitos electrónicos se van a traducir en «conectado» o «desconectado», lo cual facilita soberanamente toda operación. Es fácil ver cómo funciona la base 2 del sistema binario en vez de la base 10 de nuestro sistema decimal.

El 0 es siempre el 0.
El 1 es siempre el 1.

El 2 ya no es el 2, porque no hay tal símbolo. Entonces se adelanta el 1 de posición (como adelantamos el 1 a las «decenas» en base 10 para significar 10), y tenemos el 10, que ahora, en base 2, significa 2.

Para el 3, sumamos el 2 (que es 10) con el 1, y nos da 11.

Para el 4, hemos de adelantar otra vez de lugar al 1 y obtener 100. Ése es nuestro 4.

El 5 será un 1 añadido al 4, es decir 101.

El 6 es 4 + 2, es decir, 100 + 10, que nos da 110.

Al 7 le toca ser 111, evidentemente. Al 8, 1000, adelantando otra vez el 1. Al 9, 1001. Al 10, 1010. Y así hasta cualquier número, por grande que sea. La fila de ceros y unos puede ser larguísima, pues ya se ve que para un número de un dígito en base 10 pueden necesitarse cuatro en base 2, como por ejemplo el 8, que es 1000; y esa proporción aumenta con una rapidez escalofriante. Pero la facilidad de manejar cualquier cantidad sólo con dos símbolos que son el «sí» y el «no» de un impulso eléctrico, es la gran ventaja que ha puesto el mundo informático en nuestras manos.

Pienso en la sonata Kreutzer de Beethoven reducida a ceros y unos. Claro que el manuscrito del genio, que he visto en reproducciones, no resulta mucho más legible que el bosque de ceros y unos. De todos modos, me impresiona que tanta belleza de tonos y matices y volumen y sentimiento quede plasmada en una red monótona de símbolos repetidos hasta la saciedad. La página de ceros y unos es totalmente insípida en sí misma. Hay que tener la clave, el secreto, el contexto para devolver el sentido a la obra de arte. Todo se puede reducir a números, y todos los números se pueden reducir a ceros y unos. Las fotos de Júpiter por satélite, la última traducción de la Biblia, los cuadros de Goya o las pulsaciones de una «supernova» en los confines de la galaxia...: todo se transmite por el juego elemental y aburrido de sí, no; abierto, cerrado; cara arriba, cara abajo; cero, uno; enchufado, desenchufado. Y mi mismo ser, mi presión arterial, mi respiración, mi temperatura, mi peso y, en un barrido electrónico de mis entrañas, hasta mi mapa tridimensional de músculos y huesos y vísceras y nervios y mi cuerpo entero y mi apariencia y mis movimientos, y mis emociones y mis sentimientos y mis ideas y mis sueños y mi pulso y mi euforia y mi miedo y mi cansancio y mi pasado y mi futuro, todo ello puede quedar reseñado en montoncitos ordenados de unos y ceros. Y conmigo, la humanidad entera y el mundo entero. Música y arte, pensamiento y filosofía, alegría y dolor...: todo puede quedar reseñado en bits y bytes, megabytes o gigabytes. Allí cabemos todos.

Una noche tuve una horrible pesadilla. El ordenador cósmico encargado de informatizar el universo entero para facilitar su gobierno, iba analizando una a una todas las criaturas de la creación, todos los cuerpos celestes, todas las órbitas de los planetas y las llamaradas de la corona solar, todas las galaxias y todos los quásares, todos los seres vivientes, todas las personas humanas y todo el polvo estelar en los rincones más remotos del universo. Todo quedaba catalogado, alfabetizado, sintetizado, reducido a ceros y a unos para su ordenación rápida e infalible en armonía universal de todo lo creado. El curso de las estrellas y el ritmo de las estaciones, la velocidad de la luz y las leyes de la relatividad, todo lo que los humanos sabemos y estamos por saber, y todo lo que nosotros mismos somos en alma y cuerpo y vida y esperanza y futuro, todo quedaba reseñado en unos y ceros para su orden perfecto y su funcionamiento infalible mientras el mundo fuera mundo y la eternidad fuera eternidad. Podíamos relajarnos y descansar. Todo estaba ya programado, archivado, guardado en copia de seguridad y garantía de totalidad en las entrañas del ordenador.

De repente sobrevino la catástrofe. El técnico encargado de las operaciones catalogó los impulsos positivos a un lado y los negativos a otro. Los «unos» y los «ceros». Para marcarlos y no equivocarse etiquetó claramente cada sección con una palabra y, como estaba acostumbrado al inglés por su incidencia en la informática, para los «unos» puso *on* (conectado), y para los «ceros» puso *off* (desconectado); y para ser más conciso todavía, abrevió *on* a «o», y *off,* también por su letra inicial, a «o». Salió tan contento y satisfecho de su trabajo, pero cuando volvió a él, se encontró con que no se acordaba qué «o» era para *on* y qué «o» era para *off*. Confusión absoluta. Los unos y los ceros entraron en anarquía total. Los dos símbolos se confundieron en uno, y toda operación por rescatar la creación resultó imposible. El ordenador cósmico quedó «colgado»..., como les ocurre caprichosamente a las computadoras de la tierra. Ni hacia adelante ni hacia atrás. Ni para arriba ni para abajo. Ni la tecla «Esc», ni «Ctrl + Alt + Supr», ni caricias, ni amenazas, ni golpes. Se atascó. El universo entero desapareció de la pantalla, sin posibilidad alguna de recuperarlo. Todo era negro en la pantalla cósmica, y en esa negrura íbamos entrando ciegamente, espiralmente, irremisiblemente, todas las criaturas del universo, tragadas por el inexorable agujero negro de un virus informático enemigo de la raza humana. «Para reanudar el programa, pulse cualquier tecla», gemía la pantalla. Pero ya no quedaba nadie para pulsar la tecla. Era el fin de los tiempos.

Cuando desperté sobresaltado, corrí a mi ordenador. Temí el presagio catastrófico del sueño amonestador. Seguro que había habido un fallo técnico, un corte de corriente, una tecla falsa, una operación inválida, un error que insultaba el orgullo de la computadora, un descuido en mi manejo del teclado hipersensible, una transgresión involuntaria de la ética rígida de entrañas metálicas en mi aparato... y, en consecuencia, todo este libro que con tanta ilusión y tanto trabajo venía yo escribiendo y acariciando y guardando y atesorando hacía semanas, había desaparecido súbitamente de pantalla y memoria, se había borrado sin dejar rastro, y todos mis sudores habían sido inútiles, todos mis esfuerzos baldíos, todos mis pensamientos vanos, pues todos los poderes del mundo no me podrían devolver lo que mi ordenador se había tragado. Corrí al teclado. Actué programas. Escuché ronroneos metálicos con el alma en un hilo. Y al fin apareció poco a poco en pantalla, pacífico, íntegro, reposado, despreocupado, el libro completo palabra a palabra y línea a línea, como si nada hubiera pasado. Lo voy a imprimir inmediatamente para evitar pesadillas. Como 10 y 10 son 100. Quiero decir, como 2 y 2 son 4.

Red de redes

Es una alegoría célebre en las enseñanzas de los sufís. Tiene imaginación poética, delicadeza oriental, profundidad mística. Su significado queda a disposición de cada uno o, mejor, no tiene significado en el sentido dialéctico de una definición técnica, sin la cual algunos humanos parece no logran encontrarse a gusto ni poder seguir una conversación. Se trata más bien de vivir la imagen, disfrutar la proyección, entrar en el juego. Las grandes ideas se entienden viviéndolas. Y si no las vivimos del todo, al menos las recreamos imaginándolas. La creatividad nos salva.

Se trata de la «red de redes». Antigua como la más antigua de las metáforas, y moderna como la última versión de un programa de ordenador. ¿No será una profecía sobre Internet, red de redes en mística informática?

Imaginan los que imaginan y sueñan los que sueñan, que todo el mundo, el cosmos en su totalidad y el espíritu en su inmensidad es como una gigantesca red unida y extendida desde el átomo más insignificante hasta los confines más remotos del universo. Cada partícula, cada roca, cada animal y cada planta, cada estrella, cada partícula de polvo cósmico, cada insecto, cada galaxia, cada ser humano y cada célula en cada ser humano, cada sentimiento y cada suspiro, cada nacer y cada morir, todo lo que es y todo lo que existe..., todo ello es y existe en un nudo particular, privado, exclusivo de la inmensa red que todo lo cubre. Cada nudo es una existencia. Y el conjunto de todos esos nudos en la red galáctica es el conjunto total de todo lo creado.

Y en cada nudo hay una perla. Una perla preciosa, valiosa, de belleza trascendente y valor infinito. Esa perla es la esencia, la partícula, el ser que vive allí. Cada una en un nudo. No hay dos perlas iguales. Todas son distintas. Infinitas perlas infinitamente distintas unas de otras y todas de cada una. Porque todos somos perlas y todos somos profundamente iguales y radicalmente distintos. Y todos unidos en la inefable trama de la continua red.

La propiedad específica de esas constelaciones de perlas, y lo que constituye en su esencia la Red de Redes, es que cada perla refleja en su totalidad y su identidad a todas y cada una de las perlas de la red, y a su vez cada perla es reflejada en su totalidad e identidad en todas y cada una de las demás perlas de la red. ¿Quién podrá contar los reflejos, las irisaciones, las distancias, los destellos, la universalidad de un universo de perlas en la delicada superficie de cada una? Basta con ver una para verlas todas. Y multiplica el gozo verlas todas sabiendo que todas se reducen a una. Son los versos permanentes de William Blake:

>«La estrella vibra en un grano de arena,
>y cada flor refleja todo un mundo.
>El infinito azul tus manos llena,
>la eternidad se vive en un segundo».

Lección de vida de vivir lo grande en lo pequeño y lo pequeño en lo grande. De ver una estrella en un átomo, y un átomo en una estrella. De amar al género humano en un niño, y a un niño en cada persona que amamos —y queremos amarlas a todas. De vivir toda la vida en cada instante, y cada instante como una eternidad. De saberse centro de todo y periferia de todo. De sentirse unido a todo lo que existe con vínculo abierto que proyecta las dimensiones del ser años luz sobre espacios infinitos, mientras lo centra con intensidad concentrada en la identidad atómica de su propia esencia. De conocerse como perla de valor incalculable y de sentir la responsabilidad inalienable de reflejar todo lo que recibe para el bien recíproco de todos aquellos de quienes lo recibe. De apreciar la unidad de todo lo que es, reducido a una perla brillante en la palma de la mano, y la multiplicidad de toda la historia y la creación vivida intensamente en cada aliento; con toda la complejidad de los siglos proyectada desde ahora en cada instante, y toda la cercanía de los átomos reflejada directamente en los confines de la última galaxia. De vivir la maravilla de los tiempos en los espacios de la eternidad. Red que une y red que libera. Red de Redes que es liberación de liberaciones al saber lo que sabemos y vivir lo que vivimos.

La parábola viene de hace siglos. Mi fe me lleva a soñar que va a ser más realidad que nunca en el siglo que viene.